AF396126

H. M. DE LATUDE.

Publié par Bourdin.

MÉMOIRES INÉDITS

DE

HENRI MASERS

DE LATUDE,

ÉCRITS PAR LUI-MÊME,

DÉTENU PENDANT TRENTE-CINQ ANS A LA BASTILLE
ET AUTRES PRISONS D'ÉTAT ;

Suivis de

PLUSIEURS LETTRES AUTOGRAPHES,

ET PRÉCÉDÉS D'UNE NOTICE

PAR M. ANTONY-BÉRAUD.

Ornés d'un superbe Portrait.

———— ∘ ————

PARIS.

A. BOURDIN, LIBRAIRE-ÉDITEUR,
57 et 59, rue Quincampoix.

—

1835.

IMPRIMERIE DE BEAULÉ ET JUBIN,
Rue du Monceau-Saint-Gervais, Nº 8, près l'église.

NOTICE

PAR

ANTONY-BÉRAUD.

Maintenant, plus que jamais, en France, on aime les leçons en action. Tout est dit en politique. Les questions sont épuisées; mais un fait n'est jamais de trop pour confirmer avec éclat les vérités éternelles. Aussi tout homme raisonnable professe-t-il un assez profond dégoût pour toutes ces déclamations fastidieuses, pour tous ces lieux-communs nauséabonds qui fondent sur nous, chaque jour, en colonnes immenses.

Sans doute la défense des principes est une chose utile et belle : mais les bons journalistes patriotes sont, en général, fort peu bavards; ils citent des faits; — et un fait tue.

C'est le rêve d'un fou ou d'un sot que de prétendre faire changer, avec des mots, la croyance d'un homme. Les prêtres de toutes les religions l'ont bien senti : aussi ont-ils toujours eu recours aux miracles. Un aveugle clairvoyant, un cul de jatte qui courait jouer aux barres, valaient mieux que toutes les prédications du monde.

Voyez s'il est un écrit polémique qui puisse aussi vigoureusement combattre les défenseurs de l'ancien régime, que le récit naïf des malheurs de Latude, et la vue, la simple vue de sa fameuse *échelle* et celle de cette forteresse exécrée, où les vengeances de l'absolutisme consumèrent les trois quarts de sa vie!

L'empressement de notre brave peuple à voir, sur l'un des théâtres de la capitale, l'œuvre merveilleuse de l'infortuné prisonnier et le plan de la Bastille, prouve, mieux que toutes les assertions possibles, combien il conserve d'horreur pour les souvenirs de son antique esclavage, et jusqu'à quel point lui sont chers et sacrés ceux de cette époque d'où date sa régénération politique.

Nous avons donc applaudi, avec un plaisir franchement patriotique, au succès populaire de Latude.—Des libraires ont eu l'heureuse et nationale idée d'exploiter ce succès.

En effet, peut-on réveiller trop constamment dans l'esprit des masses, si faciles par fois à se laisser entraîner par les séductions du pouvoir, la mémoire de ces temps déplorables où la capricieuse colère d'une favorite et d'un valet de cour pouvait violer, impunément, tous les droits sociaux et tous ceux de l'humanité?

Quel que soit le chemin que nous ayons fait dans notre carrière de liberté, nous devons applaudir à tout ce qui peut raviver dans les ames la haîne de l'arbitraire, nous qui voyons encore sous nos yeux, ici, d'indignes français qui s'agitent pour les seuls intérêts d'une famille anti-française; là, les stipendiés de la puissance, qui veulent abâtardir peu à peu l'esprit public, en détruisant, ou du moins, en dénaturant les conquêtes de notre première révolution,

Ce ne sont pas là des dangers imaginaires ; nous n'avons pas à combattre des fantômes : ces professions de foi sont publiques. Sans doute ces efforts seront vains, et la révolution finira par asseoir, sur des bases impérissables , le bonheur des peuples : mais nous, soyons toujours prêts à repousser les attaques des ennemis des libertés populaires.

Cependant, pour combattre victorieusement nos adversaires , il ne faut point qu'ils puissent, un seul instant, nous accuser de nous servir de leurs propres armes. Point de mensonges , même contre eux! La vérité, la vérité en tout et partout!

Pourquoi, par exemple, charger de couleurs exagérées le tableau de l'ancien régime? La vérité suffit assez à faire maudire et cette époque et ses admirateurs.

Nous ne pouvons donc approuver la réimpression de cette prétendue histoire que l'avocat Thierry publia, en 1792, sur les malheurs de LATUDE; assemblage romanesque de faits controuvés qui, auprès de tout bon esprit, ont pour résultat certain d'inspirer le doute, et, par conséquent, de détruire l'intérêt.

Le récit fait par LATUDE lui-même, obtient un résultat heureusement contraire. En lisant ces naïfs détails sur des infortunes inouies, on se sent ému, entraîné; on y croit, comme si l'on était dans le cachot même de la victime, auprès d'elle, occupé à panser les plaies de son corps déchiré par les fers, et à lui rendre peu à peu le sentiment de ses douleurs avec celui de l'existence. Des larmes de pitié et de sainte fureur coulent encore de vos yeux, comme si vous étiez encore à ce jour de triomphe où le peuple, en renversant l'abominable citadelle, dévoila tout-à-coup tant d'horreurs !

C'est ce récit, c'est l'histoire vraie des malheurs sans nom de LATUDE, et des funestes résultats de la royauté absolue, qu'il fallait publier. L'un de nos libraires patriotes, M. Bourdin, savait qu'il existait des *Mémoires manuscrits* de LATUDE, écrits tout entiers et signés par lui. Un hasard heureux les a faits tomber entre ses mains. Ce sont ces précieux documens dont il donne aujourd'hui une ÉDITION POPULAIRE qui, par son prix modéré, peut être facilement acquise de toutes les classes de la société.

Chargé par lui de lire ces *Mémoires*, nous n'avons pu qu'applaudir à sa pensée. On s'est bien gardé de retoucher à l'incorrection du style, et même à celle de l'ortographe. Il fallait n'altérer en rien la précieuse simplicité de cette narration d'où rejaillit pour tous les peuples, et surtout pour tous les peuples encore esclaves, une leçon d'autant plus forte qu'elle ressort des faits seuls.

C'est là ce qui, comme M. Bourdin a eu toute raison de le croire, doit faire attacher tant de prix à ce monument d'infortune citoyenne et d'infamie royale.

Ici, chaque expression, toute vicieuse qu'elle soit, est bien celle du malheur même; ici, nulle tentative pour ajouter à l'intérêt des faits par l'intérêt du style. C'est le cri profond de la douleur sentie sur le théâtre même des tortures; c'est la plainte énergique et touchante d'un honnête homme jeté dans les fers et condamné à un supplice de trente-cinq ans de durée, pour une extravagance de première jeunesse qui, comme l'écrivait, en 1787, le marquis de Beaupoil Saint-Aulaire à l'avocat Bergasse, méritait au plus un mois de prison.

A ces *Mémoires*, M. Bourdin a ajouté dix lettres fort intéressantes, trouvées au greffe de la Bastille, le lendemain de la prise de cette forteresse. Les originaux sont déposés à l'Hôtel-de-Ville.

Prud'homme, dans ses *Révolutions de Paris*, nous apprend que plusieurs de ces pièces furent trouvées au siége de la Bastille par un sieur Jacques-François Lecointre, négociant, ci-devant soldat au régiment Dauphin. Il avait servi dans la forteresse de Berg-op-Zoom, et, peut-être avait-il connu là Mr de LATUDE. — Nous ignorons si ce Lecointre était ou non parent du célèbre conventionnel de ce nom.

De ces dix lettres, une fut adressée à la Pompadour, en 1760; — Les six autres à Monsieur de Sartine, (alors lieutenant général de police*) sous ce

* Voyez la note page 141.

singulier titre : «*à M. de Sartines, sur le cul de la terrine.* » —LATUDE en avait déjà écrit plus de soixante au ministre de la favorite, quand il lui adressait ces paroles : « Monseigneur,
» je supporte avec patience la perte
» de tous mes beaux jours et de ma
» fortune ; je supporte mes rhuma-
» tismes, la faiblesse de mon bras, et
» un cercle de fer autour de mon
» corps pour le reste de toute ma vie :
» mais je ne puis point supporter la
» perte de ma chère vue ; elle dimi-
» nue tous les jours. JE VOUS SUPPLIE,
» POUR L'AMOUR DE DIEU, D'AVOIR LA
» BONTÉ DE M'ACCORDER DEUX HEURES
» D'AIR PAR JOUR, dans le jardin ou
» sur les tours, pour me conserver
» le peu qui m'en reste. »

Des quatre autres lettres la pre-

mière est adressée à Mr Quesnay, médecin ordinaire du roi; les trois autres à un monsieur Duval, commis
principal de la Bastille, à qui Latude
disait : « Les lions et les tigres, au
» moindre cri de leurs semblables,
» accourent pour les secourir. Est-ce
» que les hommes qui ont la direc-
» tion de la Bastille ont moins de
» cœur et de compassion pour leurs
» semblables que les animaux fé-
» roces ? »

Sans doute ils en avaient moins ! ainsi que tous ces misérables bas agens de la force brutale et sbires du pouvoir.

N'avons-nous pas vu, après les troubles de Juin, les employés de la police et les gendarmes exercer sur les infortunés tombés entre leurs mains, tous les traitemens cruels que les Maures du grand désert infligent à leurs captifs?

Dans ses *Memoires*, Latude raconte et sa naissance, et ses premiers pas dans ce monde dont il devait être si long-temps banni, et ses impuissantes prières à l'idole qu'il avait outragée, et ses fuites diverses, et les ingénieux moyens qui les secondèrent, et les effroyables tortures auxquelles le soumirent ses bourreaux : — nous n'entrerons donc dans aucun détail à cet égard.

Mais une note insérée dans *l'Histoire du donjon et du château de Vincennes*, qui semblerait accuser Latude de mensonge sur un fait important, (celui de sa naissance), mérite d'être réfutée.

Latude nous apprend qu'il était fils de M^r le marquis de Latude, lieutenant-colonel du régiment d'Orléans-Dragons, mort lieutenant de roi à Sédan. L'auteur de l'histoire que je viens de citer, s'étonne qu'un lieutenant-colonel d'Orléans-Dragons n'ait pas réclamé et obtenu la protection du premier prince du sang, pour retirer un fils unique des prisons où il était retenu, et il ajoute que Latude a pu exagérer les grades et les dignités de son père.

On sait jusqu'à quel point Louis *le Bien-Aimé* redoutait tout ce qui avait l'apparence d'un complot, d'une conspiration, du plus léger attentat à sa sûreté personnelle. A cet égard, comme à beaucoup d'autres, il déployait fort peu de magnanimité. Très débonnaire pour toute tentative faite contre son pouvoir, il était inexorable contre toutes celles qui pouvaient menacer sa personne malsaine et sacrée. L'on se rappelle qu'il apporta dans l'affaire Damiens toute la rage d'une vengeance fort peu digne d'un prince, et d'un roi de France. La favorite partageait sans doute l'horreur bien prononcée de son royal amant contre toute apparence de péril ; et l'avoir fait trembler, même en songe, était un crime dont le crédit d'un prince du sang ne pouvait lui arracher le pardon. C'est, sans doute, afin d'éviter toutes réclamations de cette nature, et aussi, peut-être, afin de mieux cacher l'existence d'un homme trente-cinq ans prisonnier pour un tour d'écolier, que l'on avait forcé

LATUDE à prendre le nom de DANRY ou de DAURY*, dont toutes ses lettres sont signées.

Tour à tour transporté de la Bastille à Vincennes, de Vincennes à Charenton, de Charenton à Bicêtre, LATUDE languissait dans cette dernière prison, quoique la France fût depuis long-temps délivrée de sa persécutrice, lorsqu'en 1781, un hasard non moins singulier que toutes les autres aventures de sa déplorable vie, lui rendit enfin la liberté.

Une marchande mercière de Paris, nommée Mme Henriette Le Gros, trouva sur une borne, dans la rue des Fossés-Saint-Germain-l'Auxerrois, un mémoire adressé par LATUDE

Voyez la note, page 143.

au président de Gourgues. Elle se hâta de porter ce mémoire à son adresse. Le président, secondé de tous les efforts de cette femme généreuse, brisa les fers de Latude ; mais ce ne fut qu'en 1784 , le 18 mars, qu'il parvint à vaincre toutes les résistances ministérielles, et surtout celles du lieutenant de police Le Noir.

Qu'on juge de l'horreur que doivent inspirer et l'absolutisme et la courtisanerie, puisque, sous un roi que son caractère éloignait de toute cruauté, et long-temps après que la cause du châtiment était éteinte, un citoyen pouvait finir ses jours dans les cachots, sans que le prince et son ministre, M. de Malesherbes, en fussent instruits!

Non contente de rendre Latude à la

liberté, Mme Le Gros lui ouvri
aussi un asile. Ce fut chez elle qu'i
termina enfin sa triste et longue car
rière. Il mourut en 1805, à l'âge d
quatre-vingts ans.

Depuis le cardinal de Richelie
jusqu'à Louis XVI, Latude n'a p
été la dix-millième victime que l'ho
rible jurisprudence de la Fran
royale ait ensevelie dans des cacho
non moins affreux que ceux de l'i
quisition.

Les tourniquets, les gênes, l
fauteuils hérissés de pointes, les co
tre-portes armées de poignards, l
Bastilles, les cabanons, les oubliette
étaient donc l'un des moyens de
gouvernement si vanté, si regret
par un parti gothique qui s'est co
plètement isolé de la nation. Que

parti s'obstine à ne pas fondre ses intérêts dans ceux de la France; que l'anti-civisme et l'ambition rêvent aux moyens d'étendre et d'accroître la suprématie royale: — Nous, éclairés par ces grandes leçons du passé, nous, patriotiques sentinelles, continuons de veiller au salut de NOTRE AVENIR!

MÉMOIRES

INÉDITS

DE HENRI MASERS

DE LATUDE.

Je regarde comme une faveur du ciel la possibilité où je suis de mettre au jour ces Mémoires, et quelques détails sur mes longues souffrances : ce terrible événement est un fait de plus dans l'histoire des calamités humaines, et il peut être utile et instructif sous divers rapports.

Je n'ai besoin, pour intéresser en ma faveur, que d'apprendre aux personnes qui daignent jeter un coup-d'œil sur ces mémoires, que j'ai gémi trente-cinq ans dans les prisons.

Mais, le dirai-je, en implorant la compassion des hommes, j'ai peine, en vérité, à me croire leur semblable ; le tems où j'ai vécu parmi eux est si éloigné ; il est si incertain, d'ailleurs, que je reparoisse jamais dans la société, et j'ai enduré des peines si cruelles et si extraordinaires, que pour me persuader que je tiens encore à l'humanité, il faudroit que tout changeât autour de moi, car ma situation est telle que mon ame ayant perdu toute idée de bonheur, ne croit plus qu'aux maux déchirans qu'elle ne cesse d'éprouver encore.

Je naquis en 1725 à Montagnac, en Languedoc, diocèse d'Agde : mon nom est Henri Masers de Latude : mon père, chevalier de l'ordre royal et militaire de Saint-Louis, et lieutenant-colonel du régiment de dragons d'Orléans, fut fait, en 1733, lieutenant de roi à Sedan. Je touchois à peine à ma vingt-troisième année, que mon père, cherchant à perfectionner mon éducation, et à favoriser les dispositions que je montrois pour l'étude des mathématiques, m'envoya à Paris en 1749, dans l'intention de me faire cultiver cette science.

A cette époque, Mme de Pompadour étoit devenue la favorite du roi Louis XV; elle fixoit l'attention de tout le public : elle passoit pour avoir de l'esprit, de la beauté ; elle aimoit les talens, et intéressoit par là beaucoup de gens; mais les personnes austères désapprouvoient sa conduite, la condamnoient hautement, et annonçoient que le mauvais exemple attireroit les plus grands maux sur la France. Enfin, l'esprit de parti, le fanatisme même s'en mêloient; on souhaitoit même sa mort.

J'étois jeune, j'avois les idées vives, et je ne sais pourquoi cette femme m'intéressoit singulièrement; peut-être étoit-ce parce que je la voyois à la veille d'être persécutée.

Dans cette circonstance, le hasard m'ayant fait rencontrer de jeunes étourdis, qui disoient qu'on se débarrasseroit un jour de cette sangsue, dût-on employer des moyens extrêmes, et ayant appris qu'elle craignoit d'être empoisonnée, et que cette idée troubloit son repos, mon intérêt pour elle redoubla au point que je résolus de lui être utile, et de me rendre intéressant auprès d'elle. Je conçus le projet le plus étourdi, le plus inconséquent et le plus mal vu; je me dirigeai en un mot comme un enfant qui ne sent la conséquence de rien. Je pris maladroitement la voie la plus propre à me rendre odieux à ses yeux, et je fis à jamais mon malheur.

Je me rendis à Versailles auprès d'elle, pour la prévenir que j'avois vu mettre à la poste une boîte pour elle; je lui communiquai mes plaintes sur cet envoi, en la prévenant de se tenir sur ses gardes; que j'étois véritablement inquiet sur son sort, d'après les propos que j'entendois, et que je me croyois trop heureux de pouvoir lui donner un avis aussi important. Elle parut touchée de mon attention, et après m'avoir témoigné combien elle étoit sensible à ma démarche, elle m'offrit ses services.

La boîte arriva, car c'étoit moi qui l'avois mise à la poste : elle étoit pleine d'une poudre qui n'avoit absolument aucun effet nuisible.

Mais en réfléchissant sur mes bons avis, on imagina de faire des expériences de cette poudre sur des animaux : voyant qu'il n'en résultoit aucun mal, la marquise de Pompadour pénétra bientôt mon stratagême; elle s'en plaignit, et je fus mis à la Bastillle le 1er mai 1749.

Dès le mois de septembre suivant, je fus transféré au donjon de Vincennes. M. Berryer, alors lieutenant-général de police, avoit beaucoup de bonté pour moi, il m'avoit donné la meilleure chambre du donjon, deux heures de promenade par jour dans l'un des deux jardins qu'il y a dans l'enclos; la fenêtre de ma chambre donnoit sur le Gouvernement, et celle du cabinet sur Paris. Sous cette fenêtre précisement, je voyois tout ce qui se passoit dans l'autre jardin du donjon, qu'on avoit donné à un curé janséniste. Ce curé avoit beaucoup de liberté ; la veuve du défunt lieutenant du roi, Mme de Saint-Sauveur, avec un de ses fils abbé, et qui est aujourd'hui chantre de la Sainte-Chapelle de Vincennes, venoient le voir tous les jours, ce curé apprenoit à lire et à écrire au fils du maître-d'hôtel de M. le marquis Duchâtelet, et à celui d'un porte-clefs; le plus âgé de ces jeunes gens n'avoit pas seize ans, ils se divertissoient dans le petit jardin. J'étois fort alerte, et j'avois l'esprit très-présent, rien ne m'échappoit, l'air d'aisance et de liberté de ces jeunes gens me faisoit mal au cœur; mais toutes leurs allées et venues, leurs courses, me firent concevoir le projet de m'évader. Comme je l'ai dit, M. Berryer avoit ordonné de me faire promener deux heures dans le jardin : il y avoit deux porte-clefs, et à deux heures précises, le plus âgé entroit dans le jardin pour m'attendre, et le plus jeune venoit m'ouvrir la porte pour descendre. Mon projet conçu, pendant un certain nombre de jours, je descendois plus vite que le porte-clefs, et en arrivant dans le jardin, il me trouvoit auprès de son camarade, et tous les jours j'augmentois de vitesse par dégrés. Après l'avoir bien accoutumé à ce petit manège, le 25 juin 1750, j'effectuai mon projet de la manière suivante.

A peine le porte-clefs m'eut-il ouvert, que je volai le long des degrés, et je fermai la porte au bas de l'escalier, tant pour empêcher que son camarade ne l'entendît sitôt crier, que pour gagner quelque tems; et je vais frapper hardiment à la porte de sortie, où une sentinelle est postée dehors, elle ouvre, et, sans lui donner le tems de me parler, je lui dis : « Morbleu, voilà plus de deux heures que M. le Curé attend l'abbé de St.-Sauveur; avez-vous vu passer ce fichu drôle ? il y a-t-il long-temps qu'il est sorti ? je vais le chercher, mais il me paiera ma course »; et en disant ces paroles, je marchois toujours en dehors : je traverse ainsi la voûte qui est au-dessous de l'horloge; là, je trouve une seconde sentinelle, je lui fais la même question : le soldat me répond qu'il n'en sait rien, et me laisse passer, je demande au troisième, qui étoit de l'autre côté du pont-levis, s'il n'avoit pas vu passer l'abbé de Saint-Sauvenr ? il me répond que non; et en marchant toujours je lui dis : « Ah ! je l'aurai bientôt trouvé ». J'étois jeune et sans

barbe, à quatre pas de cette dernière sentinelle, je me mis à sautiller comme un jeune
écolier; et à cinquante, je pris ma course, et
passai devant le quatrième factionnaire, sans
qu'il me soupçonnât seulement d'être prisonnier. Dans le tems que je courois, il se passoit une autre scène au donjon (à ce que j'ai
appris depuis), le porte-clefs enfermé frappoit
à la porte, et crioit comme un diable; son
camarade du jardin fut le premier qui lui ouvrit ils se demandèrent tous deux à la fois où
est le prisonnier? Celui que j'avois enfermé,
dit que c'étoit moi, sans doute, qui l'avois enfermé (il ne se trompoit pas); l'autre lui répond qu'il ne m'avoit point vu, ils vont tous les
deux frapper à la porte extérieure, et demander à la sentinelle si elle n'avoit point vu le
prisonnier qu'ils venoient de faire descendre
pour le promener? celui-ci, qui n'y entendoit
pas finesse, leur répondit : « Je parie double
contre simple que c'est lui qui vient de sortir
tout-à-l'heure. — Mais il falloit l'arrêter, et ne
pas le laisser passer. — Oh! je ne savois pas

que ce jeune monsieur fût prisonnier; il m'a dit qu'il alloit chercher M. l'abbé de Saint-Sauveur; à ma place, si vous ne l'eussiez pas connu, vous l'auriez laissé sortir de même. » On m'a laissé ignorer la réponse des autres ; mais à ces deux derniers, on ne pouvoit guère leur faire de reproches.

Six jours après cette évasion, ne me sentant coupable que d'imprudence, je me livrai moi-même, par l'entremise du médecin ordinaire du roi Louis XV, comme un agneau entre les mains paternelles de *Sa Majesté*, espérant qu'on n'abuseroit pas de la confiance et de la bonne foi d'un innocent; néanmoins on me conduisit à la Bastille : M. Berryer vint m'interroger, cet aimable magistrat me dit : « que l'on étoit fort content de la confiance que j'avois eue dans la clémence du roi : que bientôt je ressentirois les effets de l'idée que j'avois eue de la bonté de son cœur, que si l'on m'avoit fait arrêter et conduire à la Bastille, ce n'étoit uniquement que pour savoir la manière dont j'avois échappé du donjon de Vincennes, parce qu'on y mettoit des prisonniers de grande conséquence, et qu'on vouloit savoir si les personnes à qui l'on en avoit confié la garde étoient des personnes fidèles à sa majesté ; qu'il exigeoit de moi un aveu sincère, et que j'aurois lieu d'être satisfait. »

Si quelqu'un m'eût tendu une main secourable, j'aurais mieux aimé me laisser arracher les entrailles que de la payer d'ingratitude ; mais comme mon évasion n'étoit due qu'à mon industrie, je lui fis tout ingénuement le même récit que je viens de rapporter, et M. Berryer ne put s'empêcher de rire de la manière dont je m'y étois pris pour enfermer mon porte-clefs, et en imposer aux sentinelles. Bien convaincu que tout ce que je venois de lui dire étoit véritable, il me demanda avec cette bonté qui lui étoit naturelle : « Vous ai-je laissé manquer de quelque chose ? n'ai-je pas eu bien soin de vous ? répondez ; avez-vous à vous plaindre de moi ?... — Quand je serai dehors, lui répliquai-je, je ne dirai point que j'ai eu affaire à un juge dans la personne de M. Berryer ; mais à un

père, qui, par sa douceur, ses sages remon-
trances et ses bienfaits, m'a rendu mille fois
plus repentant qu'un juge sévère qui m'auroit
maltraité. A ces paroles il me dit : — Je ne
puis vous rendre votre liberté, que je n'aie parlé
à Mme la marquise; mais soyez tranquille, en
peu de jours elle vous sera rendue. »

Mais Mme la marquise de Pompadour fut pi-
quée de ce que j'avois eu plus de confiance dans
la bonté du roi que dans la sienne, et malgré
le zèle et l'humanité de M. Berryer, elle me fit
mettre pendant dix-huit mois dans un cachot.
Ce fut après ce laps de tems que M. Berryer
m'en tira, et me mit dans une chambre ordinaire en compagnie avec un autre prisonnier
nommé Dalègre, et détenu comme moi par la
marquise. J'écrivis lettre sur lettre à M. Berryer.
en le priant de s'occuper de mon élargissement.

Mes importunités l'obligèrent de venir à la
Bastille, et me faisant descendre à la salle, il
me dit : « Vous avez tort de me croire un cœur
insensible : je sens tous vos maux, et si j'avois

été le maître de votre sort, il y a long-tems que vous seriez libre; mais vous avez affaire à une femme qui a en main le pouvoir souverain. Demandez-moi des adoucissemens, je ne vous refuserai rien de tout ce qu'on peut accorder à un prisonnier; voilà tout ce que je puis faire pour vous, en vous assurant que s'il y a du changement, non-seulement vous serez le premier à qui je rendrai la liberté, mais même ni votre tems ni votre peine ne seront perdus, etc. » L'on avoit annoncé depuis long-tems à mon compagnon qu'il devoit attendre avec patience la disgrâce de la marquise.

Quand on est dans la peine, les jours paraissent plus longs que des années; et le malheur des infortunés c'est qu'ils mettent toujours les choses au pis : nous connoissions l'ascendant que la marquise avoit sur l'esprit du roi, et nous ne manquions pas de dire : si cette femme reste encore quatre, six, dix, quinze ans à la cour, hélas! nous passerons toute notre jeunesse dans la captivité, et nous périrons ici. Voyons si nous ne pourrions pas nous évader.

Mais en jetant les yeux sur les murs de la Bastille, qui ont plus d'une toise d'épaisseur; quatre grilles de fer aux fenêtres et autant dans dans la cheminée; et en considérant par combien de gens armés cette prison est gardée; la hauteur des murs et des fossés souvent pleins d'eau, il sembloit moralement impossible à deux prisonniers, enfermés dans une chambre, privés de secours humains, de pouvoir échapper : et M. de la Borde, ce fameux banquier, avec tout son trésor, ne viendroit pas à bout de corrompre les officiers; jugez donc ce que de simples paroles auroient pu faire sur eux. Cependant avec un peu de génie, je vais vous faire voir qu'on peut venir à bout de tout.

Nous étions deux dans une chambre, et à la Bastille on ne donne ni ciseaux ni couteaux, ni aucun autre instrument tranchant, et pour cent louis votre porte-clefs (c'est-à-dire le garçon qui vous apporte à manger) ne vous donneroit pas un quarteron de fil; et, bien calculé, il falloit quatorze cents pieds de corde; il falloit deux échelles, une de bois, de vingt à vingt-cinq pieds, et une de cent-quatre-vingt. Il falloit arracher plusieurs grilles de fer dans la cheminée, et percer dans une seule nuit un mur de plusieurs pieds d'épaisseur, à la distance de douze à quinze pieds d'une sentinelle. Il falloit créer et faire tout ce que je viens de dire pour échapper, et nous n'avions que nos deux mains. Ce n'étoit pas encore là tout ; il falloit cacher l'échelle de bois et celle de corde avec deux cent-cinquante échelons d'un pied de long et un pouce d'épaisseur, ainsi que beaucoup de choses prohibées dans la chambre d'un prisonnier, et les officiers, accompagnés du porte-clefs, venoient nous faire visiter et fouiller plusieurs fois par semaine : cependant j'étois sans cesse occupé de ce projet, j'en avois parlé plusieurs fois à mon compagnon, qui avoit beaucoup d'esprit ; mais il me répondait toujours que la chose étoit impossible. Ses raisons, au lieu de me rebuter, ne faisoient qu'animer de plus en plus mon courage.

Il faut avoir été prisonnier à la Bastille pour savoir comme on est traité dans cette prison.

Imaginez-vous que vous passerez dix ans dans une chambre sans voir ni parler au prisonnier qui est au-dessus de vous, on y a mis plusieurs fois le mari, la femme, et plusieurs enfans : ils y ont tous restés nombre d'années, sans savoir qu'aucun de leurs parens y fût. On ne vous apprend jamais aucune nouvelle : que le roi meure, qu'il y ait du changement dans le ministère, on ne vous instruit jamais de rien ; et les officiers, le chirurgien, les porte-clefs ne vous disent que : *bonjour, bonsoir, avez-vous besoin de quelque chose?* et voilà tout.

Il y a une chapelle où tous les jours on dit une messe, et les fêtes et dimanches trois. Dans cette chapelle il y a cinq petits cabinets. On y met le prisonnier à qui le magistrat accorde la permission d'entendre la messe ; on le retire après l'élévation, de sorte que jamais aucun prêtre n'a vu le visage d'un prisonnier ; et ceux-ci ne voient que le dos du prêtre. M. Berryer avoit eu la bonté de m'accorder la permission d'entendre la messe les dimanches et les mercredis, ainsi qu'à mon

compagnon. Il avoit donné la même permission au prisonnier qui étoit au-dessus de nous,
c'est-à-dire au numéro trois de la tour nommée la Comté, qui est la première à droite en
entrant dans la Bastille. J'avois remarqué que
ce prisonnier ne faisoit jamais aucun bruit, ne
remuoit ni sa chaise ni sa table; ne toussoit
même pas, etc. Il alloit à la messe comme
nous, descendoit le premier, et remontoit
après nous. L'esprit toujours préoccupé de
mon projet d'évasion, je dis à mon confrère
que j'avois envie de voir sa chambre au re-
tour de la messe, et je le priai de m'en facili-
ter l'occasion en mettant son étui dans son
mouchoir, et que lorsque nous serions, en re-
venant, à la hauteur du second, de faire en
sorte que, en tirant son mouchoir, l'étui
tombât le long des dégrés, et le plus loin possible, et qu'il diroit au porte-clefs qui nous suivoit ordinairement de l'aller ramasser. Ce qui
fut dit fut fait. Moi, qui étois devant, je
monte vite; je tire le verrou et ouvre la porte
du numéro trois. J'examine la hauteur du

plancher, et remarque qu'il n'avoit pas plus de neuf à dix pieds de haut; je referme la porte; j'ai le temps de mesurer la hauteur d'une, deux et trois marches de l'escalier; je les compte depuis cette chambre jusqu'à la nôtre, et, ce calcul fait, je trouve une différence de cinq pieds environ. Comme le plancher n'étoit point une voûte de pierre, je tirai aisément la conséquence qu'il ne pouvoit pas être de cinq pieds d'épaisseur, et je conclus qu'il étoit double.

Alors je dis à mon confrère : « Ne vous désespérez point; avec un peu de patience et de courage, je vous promets que nous échapperons d'ici. Tenez, voici mon calcul, en lui présentant mon papier : il y a un tambour entre la troisième chambre et la nôtre. Sans vouloir regarder ce papier, il me dit : « Eh ! quand il y auroit tous les tambours des gardes françoises, comment voulez-vous que tous ces tambours puissent nous faire évader ? — Il n'est pas besoin de tous les tambours des gardes; mais s'il est vrai, comme je le crois, qu'il y ait deux planchers entre le troisième et le quatrième, pour cacher mes cordes et tous les autres matériaux dont nous avons besoin, je vous réponds que nous parviendrons à échapper. — Mais pour pouvoir cacher nos cordes, il faut en avoir, et qui plus est, il nous est impossible d'en avoir seulement dix pieds. — Pour ces cordes, lui dis-je, n'en soyez point en peine; car dans la malle de ma chaise de poste que voilà devant vous, il y en a plus de mille pieds dedans. » Il me regarde fixement, puis il me dit : « Mais je crois, par ma foi, qu'aujourd'hui vous avez perdu l'esprit..... Je sais aussi bien que vous tout ce qui existe dans votre malle et dans votre porte-manteau ; je sais qu'il n'y a pas un pied de corde, et vous me dites qu'il y en a plus de mille. — Oui, lui dis-je, dans cette malle, il y a douze douzaines de chemises, six douzaines de paires de bas de soie, douze douzaines de paires de chaussettes de fil, cinq douzaines de caleçons, six douzaines de serviettes; or, en défilant mes chemises, mes bas, mes chaussettes, mes serviettes, mes caleçons, avec cela nous aurons de quoi faire plus de mille pieds de corde. — Cela est vrai, dit-il ; mais, avec quoi pourrons-nous arracher ces barres de fer qui sont dans notre cheminée ? car avec rien il est impossible de faire quelque chose : et nous n'avons que nos mains ; nous ne pouvons pas créer des outils pour venir à bout d'un aussi grand ouvrage. » Je lui dis : « Mon ami, la main est l'instrument de tous les instrumens ; c'est elle qui les forme tous ; et les hommes qui savent faire travailler leur tête trouvent toutes sortes de ressources. Voyez, continuai-je, ces deux fiches de fer qui soutiennent notre table pliante : je leur ferai un manche à chacune ; je leur ferai un taillant en les repassant sur un carreau de notre chambre. Nous avons un briquet ; en le cassant de telle manière, en moins de deux heures j'en ferai un bon canif pour faire ces manches, et ce canif nous servira à mille autres besoins ; ainsi, avec ces deux fiches, je vous réponds sur ma tête que nous viendrons à bout d'arracher toutes ces barres de fer. »

Toute la journée nous en conférâmes, et, dès l'instant que nous eûmes soupé nous arrachâmes une fiche de fer de notre table; et, avec elle nous levâmes un carreau de notre chambre; et nous nous mîmes à creuser, de manière qu'en six heures de tems nous l'eûmes percé; et à notre satisfaction, nous trouvâmes qu'il y avoit deux planchers à trois pieds de distance l'un de l'autre. Dès cet instant, nous regardâmes notre évasion comme certaine. Nous remîmes le carreau, qui ne paraissoit point avoir été enlevé. Le lendemain, je cassai notre briquet, et j'en fis un canif ou petit couteau, et avec cet instrument, nous fîmes des manches aux deux fiches de notre table. Nous y donnâmes un taillant à chacune: après, nous défilâmes deux de nos chemises, c'est-à-dire, qu'après les avoir décousues, et les ourlets aussi, nous tirâmes un fil après l'autre. Nous nouâmes ces filets; nous en fîmes un certain nombre de pelotons d'une longueur égale et déterminée: tous ces pelotons étant finis, nous les partageâmes en deux, et ils devinrent deux grosses pelottes. Il y avoit cinquante filets à chacune, de soixante pieds de long; et ensuite nous les tressâmes, ce qui nous fit une corde qui avoit cinquante-cinq pieds environ de long; et avec le bois qu'on nous portoit pour nous chauffer, nous fîmes vingt échelons, et avec cette corde nous en fîmes une échelle de vingt pieds de long. Ensuite nous commençâmes par l'ouvrage le plus difficile, c'est à-dire, par arracher les barres de fer de la cheminée. Pour cet effet, nous attachâmes notre échelle de corde à un poids à un bout de ces barres de fer; elle s'y entortilla aisément; et par le moyen des échelons, nous nous soutenions en l'air dans le tems que nous dégradions ces barres de fer. En moins de six mois nous vînmes à bout de les arracher toutes; et nous les reposâmes en place, de manière à pouvoir les ôter au besoin, dans le moment que nous voudrions. Cet ouvrage nous coûta bien de la peine, mon Dieu ! Jamais nous ne descendions sans avoir les mains tout ensanglantées, et nos corps étoient dans une situation si pénible, dans cette cheminée, qu'il nous étoit impossible de travailler une heure entière sans nous relever.

Cet ouvrage fini il nous falloit une échelle de bois de vingt pieds, pour remonter du fossé sur le parapet, où les soldats de garde sont postés, et de là entrer dans le jardin du gouvernement. Tous les jours on nous donnoit plusieurs morceaux de bois pour nous chauffer; ils avoient dix-huit à vingt pouces de longueur. Il nous falloit ensuite des mouffles et beaucoup d'autres choses; nos deux fiches n'étoient pas propres pour ces ouvrages, et encore bien moins pour scier des bûches. En moins de six heures de tems, d'un chandelier de fer que nous avions, j'en eus fait, avec l'autre morceau du briquet, une excellente scie, avec laquelle, en moins d'un quart-d'heure, je me serois vanté de couper en deux une bûche grosse comme la cuisse. Avec le canif, la fiche et cette scie, nous parvînmes à dégrossir ces bûches, à les polir, à y faire aux deux bouts des espèces de charnières ou mortaises, et des tenons, pour qu'elles pussent s'engencer les unes dans les autres avec deux trous, dont l'un devoit recevoir un échelon et l'autre une cheville qui les empêchât de vaciller ; et à mesure que nous avions perfectionné un morceau de notre échelle, nous le cachions entre les deux planchers.

C'est avec ces outils que nous fîmes un compas, une équerre, un dévidoir, des mouffles, des échelons, etc., etc.

Comme dans la journée les officiers ou porte-clefs entroient souvent dans notre chambre au moment que nous nous y attendions le moins, il nous falloit cacher, non-seulement nos ustensiles, mais encore les plus petits copeaux ou débris que nous faisions, et dont le plus petit nous eût décelés. Nous avions aussi donné un autre nom à toutes ces choses ; par exemple, nous appellions la scie, *faune* ; le dévidoir, *anubis* ; les fiches de fer, *tubalkain* ; le tambour, *polyphéme*, par allusion à cet antre de la fable ; l'échelle de bois, *Jacob* ; les échelons, *rejeltons* ; une corde, une *colombe* ; quand quelqu'un entrait, le plus éloigné disait au plus proche, tubalkain, faune, anubis, colombe, etc., et l'autre, qui entendoit ce que cela vouloit dire, jetoit dessus son mouchoir ou une serviette, en un mot, il faisoit disparaître ce qui devoit être caché : nous étions sans cesse sur nos gardes.

L'échelle de bois que nous fîmes n'avoit qu'un bras, et vingt pieds de long, dans lequel étoient passés vingt échelons de quinze pouces de long, qui dépassoient ce bras par conséquent de six pouces de chaque côté, et à chaque morceau de ce bras, nous avions attaché son échelon et sa cheville avec une ficelle, de sorte qu'il n'étoit pas possible de se tromper en la montant dans la nuit. Quand cette échelle fut finie et mise à l'essai, nous la cachâmes dans polyphême, c'est-à-dire entre les deux planchers : ensuite nous travaillâmes à faire les cordes de la grande échelle, qui devoit avoir cent quatre-vingts pieds de longueur. Nous défilâmes nos chemises, nos serviettes, nos chaussettes, nos caleçons, nos bas de soie; enfin, tout y passa. A mesure que nous avions fait un peleton, d'une longueur décidée, nous le cachions, pour n'être pas surpris, dans polyphème, et quand nous eûmes fini le nombre suffisant, en une nuit nous tressâmes cette belle corde. Elle étoit blanche comme la neige, et j'ose dire qn'un cordier ne l'auroit pas mieux faite.

Tout autour de la Bastille, il y a un entablement qui déborde en dehors, de trois à quatre pieds. Nous ne doutions pas qu'à chaque échelon que nous descendrions, cette échelle ne flottât de côté et d'autre, et ce sont des instans où la tête la mieux organisée peut manquer. Pour prévenir qu'aucun de nous deux ne s'écrasât s'il tomboit, nous fîmes une seconde corde de trois cent-soixante pieds de long, ou de deux fois la hauteur des tours. Cette corde devoit être passée dans un moufle que nous avions fait, c'est-à-dire, une espèce de poulie sans roue, pour éviter qu'elle ne pût s'engrener entr'elle et ses côtés, et de cette manière, chacun de nous deux, soit du haut soit du bas des tours, pouvoit, par le moyen de cette corde, soutenir en l'air son camarade, et l'empêcher de descendre plus vite qu'il n'auroit voulu, si ce malheur lui arrivoit. Après ces deux cordes, nous en fîmes encore quelques autres de moindre longueur pour attacher notre échelle de corde, notre moufle à une pièce de canon, et autres besoins imprévus.

Quand toutes ces cordes furent faites, nous les mesurâmes : il y en avoit quatorze cents pieds. Nous eûmes encore à faire deux cents échelons pour la grande échelle et l'échelle de bois; et pour empêcher que les échelons de l'échelle de corde ne fissent du bruit quand nous les descendions, en flottant le long de la muraille : nous le revêtîmes de la doublure de nos robes de chambre, de nos gilets, etc. Nous travaillâmes près de dix-huit mois, nuit et jour, à faire tous ces matériaux.

Vous venez de voir tout ce qu'il falloit pour monter par notre cheminée sur la plate-forme de la Bastille, en descendre dans le fossé, remonter ensuite sur le parapet et entrer dans le jardin du gouvernement; et de ce jardin, redescendre encore par le moyen de notre échelle de bois, ou d'une autre, dans le grand fossé de la porte Saint-Antoine, lieu où nous devions être en liberté. Il nous falloit encore de plus une nuit obscure, orageuse; mais nous avions un malheur terrible à craindre : il pouvoit pleuvoir depuis cinq heures du soir jusques à neuf et dix , et puis le tems se mettre au beau. Alors toutes les sentinelles se promenant autour de la Bastille, c'est-à-dire, d'un poste à l'autre, dans un pareil cas toutes nos peines et matériaux, non-seulement étaient perdus, mais pour rendre l'aventure plus touchante, au lieu de nous consoler, on nous auroit mis au cachot, et pendant tout le tems que la marquise auroit été en faveur, on nous eût resserrés d'une étrange manière. Cette appréhension nous inquiétoit beaucoup; mais à force d'y penser, je trouvai le moyen de l'applanir. Je fis concevoir à Dalègre, mon compagnon d'infortunes , que depuis que cette muraille était bâtie, la Seine avoit débordé au moins de plus de trois cents fois; que l'eau avoit dû dissoudre les sels que contient le mortier ou le plâtre au moins d'une ligne chaque

fois; par conséquent, qu'il nous seroit facile
d'y faire un trou pour sortir avec moins de
risque. Que nous viendrons à bout d'avoir
une vrille, en arrachant une fiche de nos lits,
à laquelle nous ajusterions un bon manche
en croix, et avec laquelle nous ferions quelques trous dans la jointure des pierres, pour
y engrener nos barres de fer, par elles, entre
nous deux, nous ferons un effort de plus
de cent quintaux avec la force du levier; et
par conséquent, nous viendrons très-aisément
à bout de percer ce mur qui fait la sépara-
tion du fossé de la Bastille d'avec celui de la
porte Saint-Antoine. Il y aura un million de
fois moins de risques à sortir par là qu'à remonter sur le parapet et passer sous la barbe
des sentinelles, etc. Dalègre en convint, et me
dit : qu'au surplus, si ce percement devenoit
trop difficile, il y auroit encore moins de risque à l'escalader dans quelque coin, comme
nous projetions ci-devant d'escalader le parapet; extrémité d'ailleurs, à laquelle nous
pourrions toujours revenir, si nous rencon-

trions dans ces expédiens des obstacles trop insurmontables. » En conséquence, nous fîmes des fourreaux à ces deux barres de fer : nous tirâmes la fiche et nous en fîmes une vrille; en un mot, quand tout notre appareil fut achevé, quoique la rivière eût débordé, et qu'il y eût trois à quatre pieds d'eau dans chacun des deux fossés, nous résolûmes de partir le lendemain, 25 février 1756 veille du jeudi-gras.

En outre de ma malle, j'avois un grand porte-manteau de cuir; ne doutant pas que toutes les hardes que nous avions sur le corps ne fussent mouillées, obligés de travers l'eau, et d'y travailler, nous mîmes dans ce porte-manteau un habillement complet, sans oublier chapeaux, bas, souliers, et en outre, tout ce qui nous restoit de meilleur, jusqu'à ce qu'il fût bien plein. Le lendemain, à peine nous eut-on servi notre diner, que nous montâmes notre grande échelle de corde de tous ses échelons; ensuite nous la cachâmes sous nos deux lits, afin que les porte-clefs ne pussent l'apercevoir en nous apportant à souper. (Un officier étoit venu avec lui nous fouiller le matin). Nous accommodâmes ensuite notre échelle de bois, puis nous mîmes le reste en plusieurs paquets, bien convaincus qu'on ne viendroit pas nous visiter avant cinq heures, suivant la coutume. Les deux barres de fer, dont nous avions besoin, étoient toutes arrachées et mises dans leur fourreau, pour empêcher qu'elles ne fissent du bruit, et les manier encore avec effort plus commodément. Nous avions eu soin de prendre une bouteille de scubac pour nous réchauffer et nous donner de la force, si nous étions réduits à travailler dans l'eau. Ce secours nous fut bien nécessaire; car, sans cette liqueur, nous n'aurions jamais pu tenir dans l'eau d'un dégel, jusques au col, pendant six heures.

Nous voici arrivés au moment périlleux !.... A peine nous eut-on servi à souper, que, malgré un rhumatisme que j'avois au bras gauche, je me mis à grimper dans la cheminée, et j'eus toutes les peines du monde à monter au faîte : je faillis étouffer par la poussière de la

suie; car j'ignorois la précaution que prennent
les ramoneurs, d'armer de défensifs leurs coudes
et leurs reins, et de se mettre un sac sur la tête,
pour se garantir de la poussière des cheminées.
Aussi mes coudes et mes genoux furent-ils tout
écorchés : le sang des coudes couloit jusques
sur mes mains; celui des genoux le long des
jambes. Enfin j'arrivai au haut de la cheminée ;
je m'y mis à califourchon, et je fis couler une
pelotte de ficelle que j'avois dans ma poche, au
bout de laquelle mon compagnon étoit con-
venu d'attacher la corde la plus forte où tenoit
mon porte manteau : par ce moyen je le fis
monter à moi et le fis redescendre sur la plate-
forme. Je renvoyai la corde où mon compagnon rattacha l'échelle de bois, je tirai ensuite
de même les deux barres et tous les autres
paquets dont nous avions besoin. Après que
tout fut monté, je jetai encore ma ficelle
pour monter l'échelle de corde ; j'en tirai tout
le superflu qu'il en falloit à mon camarade
pour monter dans la cheminée plus commodément que moi, par le moyen du bout de

cette échelle, et je l'arrêtai solidement par deux tours au signal qu'il m'en fit. Il monta facilement ; nous achevâmes de tirer le reste, que je jetai de manière qu'elle fut comme nous à cheval dans la cheminée, et nous descendîmes tous deux à la fois sur la plate-forme, en nous servant de contre-poids l'un à l'autre.

Deux chevaux n'auroient pu porter notre attirail ; nous commençâmes à faire un rouleau de notre échelle de corde, qui produisit un volume de cinq pieds de haut sur un pied d'épaisseur ; et nous fîmes rouler cette espèce de meule sur la tour du Trésor, que nous jugeâmes la plus favorable à faire notre descente. Nous attachâmes bien cette échelle à une pièce de canon, et puis nous la fîmes couler doucement dans le fossé. Nous attachâmes pareillement notre mouffle; nous y passâmes la corde de trois-cent-soixante pieds de long ; et après avoir transporté à côté tous nos autres paquets, je m'attachai bien par la cuisse au bout de cette corde du mouffle, je me mis sur l'échelle, et à mesure que je descendois un échelon, mon camarade lâchoit, en proportion, de la corde du moufle. Malgré cette précaution , à chaque mouvement que je faisois , mon corps sembloit être un cerf-volant qui voltigeoit en l'air, au point que si pareille aventure fût arrivée dans le jour, de mille personnes qui m'auroient vu flotter de la sorte, je crois fermement qu'il n'y en auroit pas eu une seule qui eût refusé de faire des vœux au ciel pour moi. Enfin j'arrivai sain et sauf dans le fossé, sur le champ mon compagnon me descendit mon porte-manteau , barres de fer , échelle de bois , et tout notre équipage, que je plaçai au sec sur une petite éminence qui dominoit l'eau du fossé au pied de la tour. Mon camarade s'attacha pareillement à son tour au-dessus du genou à l'autre bout de la corde du moufle; et lorsqu'il m'eut fait connoître par un signal, qu'il étoit sur l'échelle , je fis d'en bas la même manœuvre qu'il avoit fait d'en haut pour me soutenir en l'air, si j'eusse perdu l'échelle; j'eus même le soin de passer sur le dernier échelon entre mes deux cuisses en m'asseyant dessus, pour lui épargner le flottage que j'avois éprouvé. Il arriva, et pendant tout ce tems il est certain que la sentinelle n'étoit pas éloignée de dix toises de nous, se promenant sur le corridor parce qu'il ne pleuvoit point, et c'est ce qui nous auroit empêchés de pouvoir y monter pour arriver dans le jardin, comme nous l'avions d'abord projeté. Nous nous vîmes donc forcés à nous servir de nos barres de fer ; j'en pris une sur mon cou avec la vrille, et mon compagnon l'autre ; je n'oubliai point non plus de mettre dans ma poche la bouteille de scubac, et nous allâmes tout droit à la muraille qui sépare le fossé de la Bastille de celui de la Porte Saint-Antoine, entre le jardin et le gouvernement. Dans cet endroit il y avoit eu anciennement un petit fossé d'une toise de largeur, et d'un ou deux pieds de profondeur, ce qui nous donna de l'eau jusque sous les aisselles.

Dans le moment, qu'avec la vrille je commençois à faire un trou entre deux pierres pour engrener nos leviers, voilà la ronde major qui passe avec son grand fallot à dix ou douze pieds tout au plus au-dessus de nos têtes. Pour l'empêcher de nous découvrir, nous nous croupîmes dans l'eau jusqu'au menton ; lorsqu'elle fut passée, j'eus bientôt fait, à l'aide de ma vrille, deux ou trois petits trous ; et dans peu nous eûmes enlevé la grosse pierre que nous avions attachée. Dès l'instant je répondis à Dalègre de la réussite : je bus un coup ; je lui en fis boire un autre ; nous attaquâmes la seconde, puis la troisième. Une seconde ronde vint à passer, et nous nous remîmes encore dans l'eau jusqu'au menton. Il nous fallut faire cette cérémonie régulièrement toutes les demi-heures que cette maudite ronde passait toujours, et à la même distance.

Avant minuit nous avions déjà dégradé plus de deux tombereaux de pierres. Vous allez croire que les quatre paroles que je vais rapporter sont écrites pour vous exciter à rire ; mais c'est la pure vérité. Ayant entendu que la sentinelle venoit se promener au-dessus de nous, les décombres que nous avions fait autour du trou, nous forcèrent de nous croupir dans l'eau un peu derrière : la sentinelle arrête tout court. Nous crûmes qu'il avoit entendu ou aperçu quelque chose, et que nous étions perdus ; mais un instant après il fit son petit tour précisément sur ma tête. Quand il fut parti, je dis à mon compagnon, à l'oreille : « Cet insolent vient de pisser sur ma tête ; mais m'auroit-il fait caca sur le nez , il ne m'auroit pas fait rompre le silence. » Il me répondit : « Je vous crois ; mais buvons un coup pour apaiser la peur qu'il nous a faite. » Enfin , en moins de six heures de tems nous eûmes percé cette muraille , qui, au rapport du major, a quatre pieds d'épaisseur. Dès l'instant je dis à Dalègre de sortir , et de m'attendre de l'autre côté ; et que si malheureusement il m'arrivoit quelque chose en allant chercher le porte-manteau, de s'enfuir au moindre bruit. Il n'arriva rien, heureusement ; je l'apportai, il le tira en dehors ; je sortis après, en abandonnant le reste sans regret. »

Étant tous les deux dans le grand fossé de la porte Saint-Antoine, nous nous croyions hors de péril : Dalègre tenoit un bout de mon porte-manteau, et moi l'autre, pour gagner le chemin de *Bercy*. A peine eûmes-nous fait cinquante pas, que nous tombâmes dans l'aqueduc qu'il y a dans le milieu de ce grand fossé : nous avions au moins six pieds d'eau au-dessus de nos têtes. Mon compagnon, au lieu de gagner l'autre bord, car cet aqueduc n'a pas six pieds de large, quitte le porte-manteau pour s'accrocher à moi. Me sentant saisir, je donne un grand coup de pied ; je lui fis lâcher prise, en même tems je me cramponne de l'autre côté ; j'enfonce mon bras dans l'eau, l'attrappe aux cheveux, et le tire à moi, et ensuite mon porte-manteau qui surnageoit. Ce n'est qu'à cet endroit que nous fûmes hors de péril. C'est où finit cette nuit terrible.

A trente pas delà, comme ce fossé faisoit une pente, nous fûmes à pied sec. Ce fut alors que nous nous embrassâmes, et que nous nous jettâmes à genoux pour remercier Dieu de la grande grâce qu'il venoit de nous faire, de ce qu'aucun n'avoit été fracassé en tombant, et de la liberté qu'il venoit de nous rendre. Notre échelle de corde étoit si juste, qu'elle n'avoit pas un pied de trop ni de moins. Nous avions si bien arrangé tout, qu'il n'y eut pas un bout de corde d'embrouillé... Toutes les hardes que nous avions sur le corps étoient mouillées; mais nous avions prévu ce petit malheur: nous avions des hardes dans mon porte-manteau, et couvertes à l'entrée de chemises sales; le tout étoit si bien arrangé, que l'eau n'avoit pas pu y pénétrer.

A force d'avoir travaillé pour tirer les pierres du trou, nos mains étoient toutes écorchées; et une chose qu'on auroit de la peine à croire, c'est que nous avions moins froid dans l'eau jusqu'au cou, que quand nous en fûmes tout-à-fait dehors : car un tremblement universel nous saisit; nos mains s'engourdirent. Il fallut que je servisse de valet-de-chambre à mon ami, qui m'en servit à son tour. Comme nous montions la rampe de ce fossé pour entrer dans le chemin, quatre heures sonnèrent. Nous prîmes le premier fiacre, et nous fûmes chez M. de Silhouette, chancelier de monseigneur le duc d'Orléans; malheureusement il étoit à Versailles. Nous nous réfugiâmes à l'abbaye de Saint-Germain-des-Prés.

La marquise de Pompadour n'ignoroit pas qu'elle nous avoit fort mal traités; car il y avoit alors six ans qu'elle tenoit Dalègre dans la Bastille; et moi sept qu'elle avoit abusé de ma bonne foi et de la confiance que j'avois eue dans la bonté du roi. Elle savoit que Dalègre étoit un jeune homme qui avoit beaucoup d'esprit, et que moi je n'étois pas tout-à-fait sot. On ne lui avoit point caché que nous étions fort irrités contre elle : et, avec raison, elle craignoit que nous lui causassions bien de l'ennui, en divulguant ses cruautés et sa mauvaise conduite. Nous tînmes conseil, et nous résolûmes de rester cachés un mois, pour lui laisser le tems de jeter ses premiers feux; car nous ne doutions pas qu'elle alloit tout mettre en usage pour nous faire arrêter et remettre à la Bastille ; et, pour l'empêcher de nous avoir tous deux d'un même coup de filet, il fut résolu que nous sortirions de France l'un après l'autre, et que celui qui ne seroit point arrêté réclameroit son camarade ; qu'il commenceroit par les prières, et qu'au refus de la marquise, il auroit, par degrés, recours aux voies qui feroient le plus d'éclat, en rendant sa cruauté publique, jusqu'à ce qu'elle eût relâché l'autre. Comme on craignoit la plume de Dalègre, il voulut sortir le premier : pour cet effet, il s'habilla en pauvre paysan, et il eut le bonheur d'arriver à Bruxelles. Il fut loger à l'hôtel de *Coffi,* sur la place de l'Hôtel-de-Ville, j'avois logé au quartier d'hiver dans cette auberge ; l'hôte se nomme *Volems.* Arrivé dans cette ville, il m'écrivit sur-le-champ de venir le joindre. Je m'habillai comme lui en paysan ; mais, avant de partir, je me fis donner par celui qui me logeoit son extrait baptistaire, et je m'étois muni d'un factum de procès. Je fus attendre à deux ou trois lieues la diligence qui alloit à Valenciennes ; je m'accommodai avec le cocher pour me porter jusques dans cette ville.

Étant arrivé à Cambrai, dans l'auberge où couche la diligence, un brigadier de maréchaussée vient tout droit à moi, me regarde fixement, et me dit : « D'où venez-vous ?... » La diligence venant de Paris, je ne pouvois pas lui dire que je venois d'ailleurs. « D'où êtes-vous, me dit-il ? » Je me gardai bien de lui dire que j'étois de Montagnac, il m'auroit cru sur ma parole ; mais je lui dis que j'étois de Digne en Provence, à cause de l'extrait baptistaire de mon hôte que j'avois. — De Digne, me dit-il, je suis resté plus de dix ans dans cette ville. — Et moi qui n'y avois jamais été, jugez de ma surprise ; j'aurois mieux aimé qu'un cheval m'eût donné un coup de pied, que de lui entendre proférer cette parole : cependant, sans me déconcerter, je lui dis : « Parbleu, Monsieur, si vous êtes resté dix ans à Digne, vous ne devez pas regretter de mourir aujourd'hui ; car vous devez vous être bien diverti. La Provence et les provençales sont bien gaies ; avouez-le : je parie que vous n'êtes pas resté un seul jour sans danser. — Oh ! si j'ai dansé!..

depuis le matin jusqu'au soir. — Le vin est à bon marché dans mon pays, n'est-il pas vrai, Monsieur? — Ah ! d'honneur, me dit-il, je ne faisois que boire et danser. » Cependant, après lui avoir fait bien des questions, malgré moi, il m'en fit à son tour qui n'étoient pas si amusantes que les miennes. « Connoissez-vous, me dit-il, M. un tel, un tel, un tel, etc.» Ici je me ressouviens de la fable du singe et du dauphin. Dans un naufrage, un singe s'étoit mis sur le dos d'un dauphin : celui-ci demanda s'il connoissoit le Pyrée? Si je connois le Pyrée, dit le singe, c'est le meilleur de mes amis. Comme le Pyrée étoit le port d'Athènes, le dauphin tourna la tête pour voir ce qu'il portait sur son dos; voyant que ce n'étoit qu'un singe, il le jeta dans l'eau. Le souvenir de cette fable me rendit prudent : car je dis en moi-même : si ce brigadier de maréchaussée te tend un piége, et que tu lui dises que tu les connois, tu es un homme perdu; car, s'ils existent, il te poussera des demandes auxquelles tu seras de plus en plus embarrassé de répondre. En conséquence je pris un autre biais; je fis

semblant de ruminer tout haut, en disant ,
M. un tel, M. un tel, M. un tel, etc. Je ne me
souviens pas d'avoir jamais entendu prononcer
ces noms dans Digne, qui n'est cependant pas
extrêmement grand. Et de combien de tems me
me parlez-vous, Monsieur?—«De dix-huit ans,
me répondit-il.— Oh! lui dis-je, je n'étois alors
qu'un enfant, et il est hors de doute que ces
personnes son mortes. » Ensuite il me dit: «Ah!
les excellentes eaux qu'il y a dans cette ville ;
elles opèrent des miracles : je leur ai vu guérir
tels et tels maux. » Je lui répondis : «Monsieur,
dans tous les lieux du monde, Dieu a mis des
eaux et des breuvages pour guérir toutes
sortes de maladies.» Comme il alloit me faire
encore d'autres questions, telles que me demander si j'avois dans le carrosse un compagnon
de voyage; à quoi je répondis très-brièvement
que non, et qu'à la longue j'aurois très-certainement succombé; car il prenoit trop de
plaisir à s'entretenir avec ma personne, je vis
sortir de l'écurie le cocher de la diligence, je lui
criai de toutes mes forces : «Gustin! Gustin ! » Il

tourne la tête de mon côté : « Voulez-vous que nous allions boire une bouteille chez notre vieux ami? » Il me répondit, en prononçant un f...., je le veux bien. Alors je tirai une révérence à M. le brigadier, qui me pesoit plus de mille quintaux sur les épaules, et nous fûmes effectivement boire une bouteille.

Le lendemain, la diligence arriva à Valenciennes avant midi. Je fus arrêté à la porte ; on m'y fit plusieurs questions ; je leur répondis que pour ce moment je venois en droiture de Paris ; mais que j'y étois arrivé de Digne. On me demanda mon passeport. Sur le champ, sans répondre, je tirai de ma poche, bien accommodés dans un mouchoir le factum et l'extrait baptistaire. Je leur dis que j'étois domestique et que mon maître m'envoyoit porter ces papiers à son frère, qui étoit établi à Amsterdam. Ils me laissèrent passer. Là, je pris la diligence de Bruxelles et j'y arrivai le lendemain ; je fus tout droit chez mon ancien hôte, qui sous l'habit de domestique ne me reconnut point ; mais son épouse me sauta au col et me donna plusieurs baisers. Ensuite je lui demande où étoit M. Dalègre. Elle me répondit : *je ne sais.* — « Je lui ai cependant dit de venir loger chez vous à son arrivée : il m'a écrit et m'a fait des complimens de votre part, et doit être ici, par conséquent, et vous ne devez pas me cacher où il est? » Elle me répondit encore : *je ne sais où il est.*

A ces mots un coup d'épée ne m'auroit pas fait plus de peine; car je vis bien qu'il lui étoit arrivé quelque malheur. Je dis au mari et à la femme , s'il vous doit, vous n'avez qu'à me le dire, je vais vous satisfaire. La femme répondit : tout est bien payé. Le mari me demanda si je logerois chez lui? Je lui répondis : Si vous avez un lit à me donner, cela n'est pas douteux : vous n'avez qu'à me préparer à souper ; mais je ne puis me rendre ici que sur les dix heures; je voulus lui donner un écu d'avance, il n'en voulut point ; mais il me dit qu'il alloit faire écrire mon nom à l'Hôtel-de-Ville (c'est l'usage) je sortis vite de cette auberge, sous prétexte que j'avois des affaires à terminer dans la ville;

mais bien résolu de ne pas y retourner. Je fus chez un de mes amis intimes , nommé l'avocat Scorvin, qui occupe aujourd'hui une place con- sidérable dans le Grand Conseil de Brabant, il venoit manger dans cette auberge dès 1747, que je passai un quartier d'hiver en cette ville. Je lui racontai mes aventures , et ce qui venoit de se passer. Il me répondit : j'ai beaucoup de peine à croire que le prince Charles ait donné les mains pour faire arrêter votre ami, où enfin que ses conseillers se soient portés à son enlè- vement ; si vous voulez, je vous donnerai un logement ici ; mais, pour ne rien hasarder, je vous conseille de partir tout-à-l'heure. Je lui répondis que c'étoit la résolution que j'avois prise , mais que je n'avois pas voulu passer sans le saluer. Je le chargeai de quelques com- missions, qu'il fit. En sortant de chez lui, je fus droit à la barque d'Anvers, qui devoit partir à neuf heures précises du soir; j'entrai dans le cabinet le plus proche, en attendant son départ. Un jeune Savoyard, en habit de diman- che, vint se mettre à ma table, avec son épouse, et deux de ses parens qui venoient l'accompagner. En me regardant ce Savoyard me dit : « A votre air, je connois que vous êtes François. — Vous ne vous trompez pas. — Allez-vous à Anvers ou plus loin ? — Je vais à Amsterdam. — Bon, dit-il, nous ferons le voyage ensemble ; je parle très-bien hollandois, et si on nous cherche quelque dispute, nous serons deux, et nous nous défendrons. »

Si je n'avois été plongé dans un chagrin extrême, à cause du malheur arrivé à mon compagnon d'infortunes, j'aurois ri. Cependant je lui répondis : « Qu'il pouvait compter sur moi, que je ne lâcherois pas le pied. » Nous arrivâmes de bon matin à Anvers. Ce ramoneur, qui s'appeloit Achard, me dit : « Mon ami, comme les vents peuvent devenir mauvais et contraires, il nous faut acheter ici des vivres pour plusieurs jours. » Je le remerciai de l'avis ; mais il voulut m'accompagner dans la ville, où j'achetai quelques livres de jambon cuit, du fromage, du pain, et deux bouteilles d'eau-de-vie de genièvre, etc. Nous fîmes porter tout cela dans la barque de Rotterdam , qui devoit partir à une heure précise après-midi : alors il n'étoit pas dix heures. Le savoyard me dit : « Nous avons le tems , voulez-vous , mon ami, que je vous mène à la cathédrale pour voir les beaux tableaux qu'il y a dans cette église. » Quoique je les eusse vus avant lui , je lui dis que je le voulois bien : il m'y mena. Dans le tems que nous y étions occupés d'autre chose que de tableaux , je lui dis : « Vous êtes marié à Bruxelles; votre femme y demeure; ne pourrois-je pas la charger de me retirer un porte-manteau qui doit m'arriver de Paris par la diligence, car j'ai eu une affaire d'honneur en France , qui m'a empêché de pouvoir le prendre avec moi. » A ce mot il me dit : Parlez bas; car il y a cinq jours aujourd'huï qu'il est arrivé à Bruxelles une affaire de grande conséquence. Deux prisonniers d'état se sont échappés de la Bastille à Paris; un s'est déguisé en mendiant, et, sous cet habit, il est arrivé à Bruxelles : il avoit été loger à la place de l'Hotel-de-Ville. Le lendemain il s'est fait faire un habit galonné; et alloit se promener avec les officiers qui mangent dans cette auberge; Laman (c'est un officier de justice qui arréte le monde) a reçu un ordre de l'arrêter: et voici comment il s'y est pris pour sauver l'éclat : il a été l'attendre à la porte de son auberge , et lui a dit : « Monsieur, vous êtes étranger, et moi je suis Laman; il faut que vous ayez la bonté de vous transporter chez moi pour me donner votre nom et vos qualités. » Ce monsieur , qui croyoit sa personne en sûreté, le suivit; mais quand il a été arrivé dans sa maison, il l'a enfermé dans une chambre, en lui disant : Monsieur j'ai ordre du prince Charles de vous faire conduire sur les terres de Hollande : Soyez bien assuré que vous serez content du prince. Cependant le lendemain à la pointe du jour, M. de l'Écaille, grand prévôt de Brabant, l'est venu prendre bien accompagné, et l'a conduit aux portes de Lille. C'est là qu'il l'a remis à un exempt françois qui suivoit en chaise de poste à une portée de fusil par derrière, j'ai appris tout cela de Laman, qui est mon bon ami , et qui m'a bien défendu d'en parler à personne. »

Par ce cruel récit, je ne pus plus douter du malheur qui étoit arrivé à mon compagnon d'in fortune.Néanmoins je dis au ramoneur:«A-t-on arrêté l'autre? — Pas encore, me dit-il, mais on ne le manquera pas; car il y a bon nom-bre de gens à l'affût. Je dis en moi-même, de par tous les saints du Paradis, je viens de l'échap-per belle! après avoir été instruit de tout par ce ramoneur, je lui dis : « Ah! pour moi je ne suis pas prisonnier d'état, c'est pour m'être battu en duel, et avoir blessé mon ennemi; et pour éviter qu'on me mette en prison, je vais en Hollande attendre que mes parens aient accommodé mon affaire. Achard, lui dis-je, ne croyez point que ce soit en traître que je l'ai blessé, c'est en tout honneur, en tout hon-neur. — Oh! me dit-il, je vous crois, Mon-sieur. »

Cependant je fis des réflexions; je dis en moi-même, si le prince Charles a donné son consentement pour faire arrêter Dalègre, il ne manquera pas de faire courir après moi; car dès hier au soir il aura été instruit que je suis

arrivé à Bruxelles. Vu que je n'y ai point couché, il ne peut éviter de penser que je suis parti
par la barque d'Anvers pour passer en Hollande.
A Bruxelles on sait pareillement l'heure du départ de la barque de Rotterdam ; et en moins
de quatre heures , en chaise de poste, on peut
venir à Anvers. Or, je ne doutai point que celui qui avoit fait arrêter Dalègre n'envoyât un
ordre au même M. de l'Écaille, à Anvers,
pour me faire arrêter en entrant dans la barque de Hollande ; et pour éviter ce malheur,
je dis au ramoneur : « Achard, la barque qui
doit nous porter à Rotterdam passe-t-elle à
Berg-op-Zoom? » Il me répondit que non,
(c'est ce que je savois avant lui); je feignis cependant d'en être fâché, et lui dis : « Je ne
m'attendois pas à ce contre-tems; car il faut
de toute nécessité que je passe à Berg-op-Zoom
pour recevoir l'argent d'une lettre-de-change.
Ainsi, mon ami, je suis bien fâché de ne pouvoir achever le voyage avec vous, qui me pa-
roissez être un parfait honnête homme ; mais
j'espère que nous nous reverrons à Amsterdam, et nous boirons plus d'une bouteille en-

semble. En attendant, je vous fais présent de tous les vivres qui sont dans la barque. » Ce présent fit beaucoup de plaisir à ce ramoneur, qui, par reconnoissance, voulut m'accompagner hors la ville, et m'indiquer le chemin qui mène à Berg-op-Zoom. A peine m'eut-il tourné le dos, que je me mis à courir de toutes mes forces jusqu'à ce que je fusse arrivé sur les terres de Hollande, de crainte qu'en entrant dans la barqne on me réclamât, et que ce ramoneur ne lâchât quelque parole indiscrète.

J'arrivai fort heureusement à Amsterdam. J'y trouvai plusieurs personnes de ma province; je ne les avois jamais vues; mais comme elles connoissoient parfaitement ma famille, il y en eut une qui voulut que je vinsse loger chez elle. Cet honnête homme fit venir plusieurs personnes sages chez lui pour faire une consultation; tous m'assurèrent que je n'avois rien à craindre, que ma personne étoit en sûreté dans Amsterdam; que les États ne me livreroient pas, pourvu que je fusse tranquille.

Mon dessein n'étoit pas de me venger, ni même de troubler la tranquillité de la marquise de Pompadour. Il est vrai que j'aurois mieux aimé mourir que de lui abandonner mon camarade d'infortunes. J'attendois même avec impatience que j'eusse reçu de l'argent de chez moi pour le lui faire redemander d'une manière respectueuse, en faisant agir toute sa famille; et moi-même j'aurois répondu de sa sagesse et de sa discrétion.

La marquise de Pompadour étoit une femme vindicative, il n'y a que Dieu seul qui l'ait connue; et pour faire périr un de ses ennemis, elle auroit fait dépenser vingt millions à la France. Le ministre ou le contrôleur-général des finances se seroient bien gardés de la refuser.

Par rapport à tout le mal qu'elle m'avoit fait, elle me fit réclamer par l'ambassadeur de France, au nom du roi, aux États de Hollande. Et quelle est la puissance qui refuseroit un de de ses sujets à un aussi puissant monarque?

Par un malheur qui surpasse mes lumières, je ne sais comment on put intercepter mes lettres à la poste d'Amsterdam, ayant eu la précaution de changer de nom, et de les faire mettre à d'autres bureaux de poste qu'à ceux d'où l'on pouvoit juger que j'en dusse recevoir.

Des lettres que l'on m'avoit interceptées, on ne m'en envoya qu'une seule, celle de mon père, dans laquelle il y avoit une lettre-de-change, et qu'on avoit eu soin de recacheter. A l'occasion de cette lettre qui me fut rendue par les voies ordinaires, ils prirent des arrangemens pour m'enlever en allant chercher mon argent. Ainsi ce fut en allant faire acquitter cette traite que je fus arrêté dans la maison de Mars Fraicinet, banquier, au Marché aux Fleurs, le 1er juin 1756. Je fus conduit à l'Hôtel-de-Ville d'Amsterdam, où je restai huit jours, et ensuite je fus mené par eau à Anvers, et de là en poste à la Bastille, où je fus, en arrivant, jeté dans un cachot, les fers aux pieds et aux mains, couché sur la paille, sans couverture.

C'est de ce lieu affreux que, le 14 avril 1758, j'envoyaî au feu roi Louis XV le projet militaire pour faire prendre généralement à tous les officiers et sergens, des fusils au lieu d'espontons dont ils se servoient jusqu'alors ; et par ce moyen j'augmentai nos armes, sans qu'il en coûtât rien , de vingt-cinq mille fusiliers.

Par un second mémoire que j'adressai à la cour le 3 juillet 1758, j'ai procuré plus de douze millions de revenu à la France. Ces deux services rendus dans un tems où le roi avoit grandement besoin d'argent, auroient fait rendre la liberté au plus grand criminel, et lui auroient encore procuré une fortune honnête : ils n'ont servi, à moi innocent, qu'à me faire redoubler les persécutions, à m'accabler d'outrages, de faire prendre à mes ennemis la résolution inhumaine et meurtrière de me faire par la suite périr dans un cachot de Bicêtre, dans le cachot des scélérats.

Quant à présent, détenu dans celui de la Bastille depuis quarante mois , les fers aux pieds et aux mains, et couché sur la paille, sans couverture , je dus ma sortie au débordement de la rivière. Quand on m'en tira j'avois de l'eau jusqu'à la ceinture; on me mit dans une chambre ordinaire, en attendant la disgrâce de mon ennemie, qui seule pouvoit me donner l'espoir d'obtenir ma liberté.

Le pauvre Dalègre, mon malheureux compagnon d'infortunes, ne put résister à un traitement aussi cruel : il devint fou enragé. Dans le mois de mai 1777 il vivoit encore. On l'avoit transféré dans la maison de force de Charenton, gouvernée par les frères de la Charité, séjour que l'on me destinoit pareillement, selon toute apparence, car on me donna un jour la permission barbare de le venir voir aux catacombes. Je le trouvai parmi les frénétiques enragés.... Hélas! en le voyant dans ce lieu affreux je ne pus retenir mes larmes! et c'étoit le but de ceux qui me permirent cette partie de plaisir, que de me conduire au désespoir! Je lui dis mon nom, je lui dis que c'étoit moi qui étois échappé de la Bastille avec lui..... il ne me reconnoissoit point?..... Il me répondit que non, qu'il étoit Dieu.

On croit faire grâce à un criminel en le condamnant à une prison perpétuelle; mais, d'après ma propre expérience , et celle que j'ai été à portée de prendre dans les autres, que je n'ai vu que de trop près , j'ose dire que les juges seraient plus humains mille fois , en ôtant la vie à un coupable par le plus douloureux de tous les supplices, que de le condamner à une prison perpétuelle. Dans le premier cas , en moins d'une heure tous ses jours malheureux seroient finis, au lieu que dans une longue prison il souffre à chaque instant toutes les douleurs d'un million de morts.

Je n'ai jamais souhaité la mort à mon ennemie; mais nuit et jour je soupirois après sa disgrâce, et je puis protester que je ressentis beaucoup de peine lorsque, le 18 avril 1764, deux demoiselles auxquelles j'avois jeté un paquet de papiers du haut des tours de la Bastille, en profitant d'un grand vent, jusque dans la rue Saint-Antoine, les priant de me tendre une main secourable, ne cessoient pendant plusieurs jours de me faire des signes qu'elles alloient travailler pour moi; mais un matin, par la fenêtre de leur chambre, elles me firent voir un grandissime papier, sur lequel étoient écrits ces quatre mots :

HIER 17, EST MORTE Mme LA MARQUISE DE POMPADOUR.

Je laissai passer plusieurs jours pour voir si l'on ne viendroit pas délivrer les prisonniers que cette dame tenoit à la Bastille, car je savois bien que je n'étois pas le seul. Au bout d'un mois, voyant qu'il n'y avoit rien de nouveau, j'écrivis à M. de Sartines : « que Mme la marquise de Pompadour étant morte le 17 du mois d'avril, selon l'autorité des lois, l'innocence de ma faute, sa trop longue expiation, la liberté devoit m'être rendue, et que je le suppliois en grâce, surtout, de vouloir bien considérer la longueur du tems que je supportois ma captivité injuste et barbare d'après mon innocence! » Comme M. de Sartines avoit expressément défendu à tous les officiers, chirurgiens, porte-clefs, d'instruire les prisonniers de cette mort; il vint à la Bastille, me

fit descendre à la salle du conseil, et me dit :
« Je veux absolument savoir quelle est la personne qui vous a appris cette mort. » Je n'eus
pas le tems de la réflexion, car je lui aurois
répondu que la nuit du 17 avril, j'avois été
tellement préoccupé, et à diverses reprises,
de cette nouvelle, et tourmenté même par
cette idée, que je me l'étois persuadée, que je
l'aurois parié, et que l'aveu de son interrogatoire confirmoit ma croyance. Mais pris à l'im-
proviste, je lui répondis tout naturellement,
« que j'étois honnête homme, et que j'aimerois
mieux qu'on m'arrachât le cœur que de trahir,
et d'avoir la lâcheté de payer d'ingratitude la
personne qui m'avoit donné cette nouvelle. —
Eh bien ! me dit-il, puisque c'est ainsi, je ne
vous rendrai votre liberté que quand vous l'au-
rez nommée. » Il insista; je persistai et fus
constant dans mon refus, et préférai sans ba-
lancer la continuation de mon emprisonne-
ment à l'ingratitude et à la perfidie. M. de Sartines, enfin, fut très-mécontent de mon genre
de probité; je doute cependant qu'aucune per-

sonne honnête puisse me blâmer, ou approuver la conduite de M. de Sartines en cette occasion. A sa place, et tout homme d'état que j'eusse voulu être, il me semble que si j'eusse fait une semblable question j'aurois jugé le prisonnier, même de quinze ans, qui auroit trahi son bienfaiteur, indigne de jouir jamais de la liberté qu'il demandoit, et que j'aurois au contraire donné des louanges à celui qui auroit eu le courage de résister à mes offres et à mes menaces, telles intéressantes ou terribles fussent-elles pour lui.

Quoi qu'il en soit, je continuai de solliciter vivement; j'écrivis lettre sur lettre à M. de Sartines, mais sans aucun succès. On me donnoit à la vérité quelques faibles espérances, mais la manière dont on me les donnoit, et les intervalles auxquels elles m'étoient transmises me faisoient assez juger combien elles étoient illusoires.... A mesure que mes espérances s'évanouissoient, mon esprit s'aigrissoit davantage, et de rester prisonnier sans aucune partie du moins que je connusse, me fit mettre

sans doute involontairement, moins d'humilité
et de ménagement dans mes réclamations. Enfin, aliéné un jour par le désespoir, je m'é-
chappai à écrire une lettre injurieuse à M. de
Sartines. Lettre fatale!....... Lettre écrite dans
un moment d'égarement qu'un cœur généreux
eût sans doute pardonné, et qui fut cependant la cause de tous les malheurs qui m'ont
depuis accablé.

Mais quel homme peut être assez maître de
lui-même pour étouffer dans tous les instans d
la vie l'indignation que produisent nécessaire
rement des tourmens renaissans sans cesse, e
aussi injustes que prolongés! J'ai eu tort de cé
der à un mouvement d'impatience trop violent
de choquer un homme qui me tenant en s
puissance, quelque inique qu'il fût envers moi
Mais enfin je n'ai à rougir d'aucun crime, moi
cœur est pur, ma conscience est en paix.

Cette malheureuse lettre rendit M. de Sar
tines furieux contre moi : il me fit mettre sur-le
champ dans le cachot de la tour nommée l
Bassinière, au pain et à l'eau.

Il y avoit déjà plus de quinze ans que j'étois à gémir dans la Bastille; et les officiers, qui sont des hommes humains, n'étoient pas trop fâchés que j'eusse eu le courage de reprocher à M. de Sartines sa cruauté : et comme il ne manquoit pas tous les mois d'y aller faire parade de sa puissance, il s'en aperçut, et pour ne pas laisser sans cesse sous les mêmes yeux une preuve de sa barbarie, la nuit du 14 au 15 du mois d'août 1768, veille de l'Assomption, à minuit précises, on vint me chercher au cachot, on me conduisit au gouvernement, là on me chargea de chaînes de toute espèce. On me porta dans un fiacre, et en sortant de la salle du gouvernement, l'exempt, qu'on nomme Rouillé, dit aux officiers « qu'il allait me conduire dans un couvent de moines, pour prendre l'air petit-à-petit pendant deux ou trois mois, au bout desquels on me rendrait la liberté. Cet exempt, non content de m'avoir chargé de fers, avant que le carrosse partît, me passa encore une autre chaîne au cou, et l'on fit passer l'autre bout sous le pli de mes genoux. Au

premier coup de fouet que le cocher donna à
ses chevaux, le recors qui étoit dans le carrosse à côté de moi, mit une de ses mains sur
ma bouche, et l'autre derrière ma tète; le second recors, qui étoit devant moi aux côtés de
l'exempt, tira la chaîne si rudement, et l'autre
poussa ma tête d'une telle violence, que je
crus qu'ils m'avoient cassé les reins, et qu'ils
alloient m'étouffer, et me jeter dans la rivière.
Mon visage étoit précisément entre mes genoux,
et l'on me conduisit dans le donjon de Vin
cennes, où je fus jeté dans une cachottière.

Je sais que les officiers des prisons royale
sont forcés, malgré eux, d'exécuter les ordre
qu'on leur donne, chaque morceau de pain o
verre d'eau que j'avalois, je croyois que ce se
roit le dernier. Ah !..... on a bien raison de dir
que l'attente de la mort est plus affreuse qu
la mort même. Je me croyois un homme perd
sans ressource; mais heureusement pour m
que le lieutenant du roi, M. Guyonnet, éto
un homme d'honneur, d'humanité. Il venoi
très-souvent me voir ; je lui racontois toute

mes aventures, toutes mes infortunes.. Il en fut extrêmement touché, et me protesta qu'il alloit travaillier pour moi de toutes ses forces, ce qu'il fit; car voyant l'injustice affreuse dont M. de Sartine m'accabloit, avec cette ardeur qui caractérise une ame sensible et heureuse, il vint à bout de me tirer de la cachottière où j'étois malade, mais il parvint même à me faire accorder deux heures de promenade par jour dans le fossé, à la garde de deux fusilers et un sergent, qui restoit à la porte avec une autre sentinelle.

Il y avoit déjà vingt mois que mon ennemie étoit morte et deux que je jouissois de cette promenade, quand le 23 novembre 1765, sur les une heure du soir, dans le tems que j'y étois, il s'éleva un brouillard fort épais. Je dis en moi-même, il ne faut pas que je perde cette belle occasion d'échapper : et ayant monté la rampe du fossé, étant entre deux fusiliers, et derrière le sergent, je demande à celui-ci : « Comment trouvez-vous le tems ? Monsieur.— Fort mauvais ! — Et moi, repris-je, je le trouve fort bon pour échapper. » Sur-le-champ, avec mes coudes, j'écarte les deux sentinelles qui étoient à mes côtés d'une telle force, qu'ils font l'un mi-tour à droite et l'autre à gauche, je pousse si rudement le sergent, qu'il tombe sur le nez, je passe à côté du troisième sentinelle qui était au bout du pont levis, et me voilà dans la cour du gouvernement, fuyant de toutes mes jambes. Le sergent se relève, et lui et ses trois sentinelles, se mirent à courir après moi, en criant : arrête ! arrête ! arrête ! J'enfile la cour royale qui étoit pavée de monde allant et venant ; et pour empêcher que personne ne m'arrêtât, je me mis à crier comme ces quatre soldats : arrête ! au voleur ! arrête ! et avec ma main, je faisois des signes que le voleur fuyoit devant, et le brouillard m'étoit fort utile : car de tous ceux qui étoient autour de moi, il n'y avoit qne ceux qui pouvoient me voir qui se missent à crier comme moi : arrête ! De sorte, qu'à la tête de tous ces criards, et par la faveur de cet heureux brouillard, je traversai toute la cour royale ; mais ici il falloit changer de note. Une sentinelle s'étoit postée au milieu de la porte, qui n'a pas deux toises de large, avec la baïonnette au bout du fusil. Comme ce même homme m'avoit gardé un grand nombre de fois en allant me promener, il me connaissoit, et me dit : « Arrêtez, monsieur, ou je vous passe ma baïonnette au travers du corps. » Je me modérai, en disant : « O Chémé ! (c'étoit le nom de la sentinelle) vous n'êtes pas assez méchant pour tuer un homme qui ne vous a jamais fait de mal, et que vous connoissez. » En même tems j'écarte et saisis la baïonnette et son fusil, et le secoue si fort, que je le fais tomber par terre. Je pris ma course tout armé et j'entrai dans le bois du parc pour me cacher aux regards de tout le monde; ensuite je jettai le fusil et fis un demi tour à droite; et toujours en courant, j'eus bientôt rencontré la muraille du parc. Je l'escalade et saute dehors, et à cinquante ou soixante toises, je me cachai dans le premier lieu où je crus ne pouvoir être découvert jusques à la nuit close que j'entrai dans Paris.

Je fus tout droit chez les deux demoiselles auxquelles j'ai dit que j'avois jeté mon paquet de papier du haut des tours de la Bastille. Par un mot d'écrit pour elles, qui étoit dedans, je les avois priées d'aller porter ces papiers à un de mes amis, nommé la Beaumelle, connu pour avoir critiqué la Henriade de Voltaire : je leur demandai ce qu'elles en avoient fait , elles me répondirent qu'on leur avoit dit que M. de la Beaumelle étoit dans le pays étranger, et que depuis plus de quinze mois , ne me voyant plus promener sur les tours de la Bastille , elles m'avoient cru, ou sorti de captivité, ou mort, et qu'elles les avoient brûlés. En un mot je vis que ces deux demoiselles avoient beaucoup plus de sensibilité que d'esprit; car il est évident que si ce message eût été entre les mains d'une personne un peu intelligente, entre les mains enfin d'une madame Le Gros, que nous aurons occasion de connoître par la suite, elle seroit venue à bout, et peut-être alors en peu de tems, de me tirer des griffes de mon nouvel ennemi; la première étant morte peu de tems après que je leur eus jeté ce papier.

M. de Sartines savoit, pour mon malheur, que j'étois protégé par feu M. le maréchal duc de Noailles, père de celui d'aujourd'hui, qui vivoit alors; par M. de Silhouette, etc. Et moi je n'ignorois pas que mon évasion ne dût le jeter dans de grandes inquiétudes, j'étois alors âgé de quarante ans, et j'échappois pour la troisième fois d'une captivité de dix-sept ans dans la dernière desquelles surtout j'avois souffert des tourmens au-dessus de toute expression. Je soupirois cependant plus après le repos qu'après la vengeance, qui auroit pu m'attirer de nouveaux malheurs encore : et comme un honnête homme commence toujours par la douceur et par la modération pour accommoder les affaires, afin de mettre son ennemi dans son tort, le lendemain de mon évasion, j'écrivis à M. de Sartines pour le rassurer et lui protester que je ne ferois pas une seule démarche, que je ne dirois point une seule parole qui pût lui déplaire, ou ternir sa réputation. Malgré cela, il n'en avoit pas moins pris la résolution de me perdre. Il prévint en conséquence les ministres contre moi; il fut lui-même chez M. le comte de la Marche, aujourd'hui prince de Conti, chez M. le maréchal duc de Noailles; il envoya des exempts à Petit-Brie, maison de campagne de M. Silhouette. Il lui écrivit que c'étoit à sa recommandation qu'il m'avoit accordé des adoucissemens dont j'avois abusé, etc. Nota, que cela n'étoit point : néanmoins cela me porta des coups mortels, tant a force le droit ou le pouvoir de calomnier.

De mon côté, je n'étois pas moins intrigué que lui, voyant qu'il vouloit absolument me perdre.

Je fus chez un de mes amis, le chevalier Méhégan, qui a un frère brigadier des armées du roi (je viens d'apprendre qu'il est mort) : c'étoit un homme d'esprit. Je lui racontai mes malheurs. « Comment, dit-il, c'est vous qui avez échappé du donjon de Vincennes? Oh! je vous dirai, mon cher ami, que M. de Sartines, et le frère de la marquise de Pompadour (tout le monde a connu le peu d'esprit et la brutalité de caractère de ce marquis de Marigny), sont dans une peine extrême à votre égard. Je sais très-certainement que tous les exempts, tous les commissaires, tous les recors, tous les inspecteurs de police, en un mot, je sais qu'ils vous font chercher dans tout Paris par trois mille personnes. De plus, ils ont promis mille écus à celui qui leur donnera votre adresse; on a envoyé votre signalement à toutes les maréchaussées de France, pour vous arrêter.

On ne craint point un coquin, même un scélérat, auquel on n'a fait que le mal qu'il mérite. Ceux-ci fuient la justice, et moi je la recherchois; et voilà précisément ce que M. de Sartines et le marquis de Marigny craignoient tant que je ne trouvasse un moyen, un débouché; et c'étoit à cause de cela justement que M. de Sartines étoit allé chez M. le comte de la Marche, chez M. le duc de Noailles, chez M. de Silhouette, pour les empêcher de me

endre une main secourable ; ce à quoi il ne
éussit que trop bien. Enfin le chevalier de
Méhégan me dit : « Perdu pour perdu, je vous
conseille d'aller à Fontainebleau où est le roi,
de vous jeter à ses pieds, et de lui demander
justice. » En conséquence, j'écrivis au ministre
de la guerre, et je lui donnai ma parole d'honneur « que je serois chez lui le 18 décembre
1765, et que je le suppliois en grâce de ne
point me faire arrêter avant de m'avoir accordé un moment d'audience ; qu'ensuite,
s'il me l'ordonnoit, je me rendrois moi-même en prison : malgré tous les gens postés
pour m'arrêter, j'arrivai dans son appartement un jour plutôt que je n'avois promis ;
c'est-à-dire le 17. Dès l'instant que je me fus
fait annoncer, il me fit arrêter à côté de son
suisse, sans vouloir me permettre de dire une
seule parole. Je fus garotté avec des cordes ;
on me mit dans un carrosse ; et je fus conduit
tout droit dans le donjon de Vincennes, où je
fus jeté en arrivant dans le cachot noir. En
entrant dans ce lieu, je ne pus m'empêcher de

m'écrier : « Hélas !... est-ce donc ainsi qu'on rend justice à l'innocence !... » A ces mots un porte-clefs, nommé Monchalain, me dit d'une voix rébarbative : « On ne sauroit trop vous accabler... Vous êtes la cause qu'on a pendu le sergent qui vous gardoit. »

Oui, cela est vrai! si j'avois vu mettre le feu à un brâsier, pour y faire rougir plusieurs paires de tenailles pour m'arracher les entrailles, oui..., oui, cette terrible vue n'auroit pas fait une aussi cruelle impression sur mon cœur, que cette affreuse parole que je crus véritable. Je perdis connoissance, ne sentant aucun de mes maux personnels; je tombai sur ma poignée de paille, et, pendant plus de deux mois, il me fut impossible de prendre un moment de repos. Dans l'obscurité de ce cachot affreux, je n'avois devant les yeux, sans cesse, que ce sergent! Il étoit innocent, car il avoit fait tout ce qui étoit dans son pouvoir pour m'arrêter; et ce n'étoit nullement de sa faute si j'étois et plus adroit, et plus vigoureux que lui; et à tout instant, grand Dieu!... je le voyois monter à

la potence....; je voyois l'officier des hautes
œuvres lui arracher la vie....., puis couper la
corde, .et le laisser tomber comme un sac de
terre... Ah! quel spectacle, bon! Dieu! pour
un honnête homme, que d'avoir sans cesse devant les yeux un pauvre malheureux qu'il a fait
pendre..., oui, j'ose dire que toutes les furies
de l'enfer n'auroient pu ajouter quelque chose
à mon martyre. Que si, depuis l'instant qu'on
m'eut dit cette abominable fourberie, il est
entré dans ma bouche un morceau de pain, un
verre d'eau, je ne prenois cette triste nourriture que dans l'espérance que Dieu me feroit
un jour la grâce de venger la mort de cet
innocent. Et, comme je ne pouvois le bannir de
ma vue, infailliblement j'aurois perdu l'esprit;
je serois devenu enragé comme ce pauvre Dalègre, si Dieu, touché de ma peine, m'eût eu
pitié de moi de la manière suivante :

Nuit et jour je faisois des cris épouvan-
tables !.. Dieu... oui, Dieu, donna la hardiesse
à une sentinelle, nommé Ar.... Lorrain, de
s'approcher de la porte de mon cachot à minuit

précises : et ce brave homme me cria le plus bas qu'il le put : « Monsieur, ne vous désespérez pas, Dieu aura pitié de vous, il mettra fin à votre peine.— Ah! mon ami! lui dis-je, il n'est plus possible de mettre fin à ma peine.....; jamais je ne pourrai oublier que je suis la cause que ce pauvre Vielcastel a été pendu!—Que me dites-vous, reprit-il, Monsieur, que vous êtes la cause qu'on a pendu Vielcastel, notre sergent?...— Oui.— Eh! Monsieur, on vous a trompé; il est aujourd'hui de garde au donjon. Il est bien vrai qu'il a été mis au cachot avec les autres senti-nelles qui vous gardoient; mais le lendemain de votre arrivée, on leur a rendu leur liberté, etc. »

Si la douleur me fit perdre connoissance, la joie m'ôta la parole; tous les organes de mon corps se dilatèrent. Ma bouche s'ouvrit, je ne pouvois plus la fermer. Je me jetai sur la terre; je la pressai de mes bras, en y appuyant ma bouche..... Je la baisois, comme si cette terre eût été les pieds, le corps de Dieu même, en reconnoissance de la grande grâce qu'il venoit de me faire. Car, je serois devenu enragé si j'étois resté encore un mois dans un état si terrible.

Oui, si on m'avoit dit : on vient d'assassiner votre père, votre mère, n'y ayant point de ma faute ; à la longue il auroit été possible que je me fusse consolé de ce malheur, tel douloureux m'eût-il paru d'abord. Mais jamais !... au grand jamais, je n'aurois pu avoir un moment de repos, ni me consoler d'avoir été la cause qu'un brave homme, qu'un innocent eût été pendu. C'est une épine qu'il est impossible d'arracher du cœur d'un homme de probité ; et j'ose dire que Cicéron, Démosthènes, et J.-J. Rousseau, avec toute leur éloquence, ne pourroient peindre la centième partie des maux que je souffris. On ne devroit pas permettre de pareilles fourberies, capables de faire étrangler un homme sensible, ou qui n'auroit point de religion ; ou tout au moins de le faire devenir enragé. S'il est permis d'ôter la vie à un criminel dans les supplices, je ne crois pas permis de la lui prolonger dans de pareilles cruautés.

Le 9 juillet 1777, un gentilhomme de mes

amis dîna avec M. Boucher, premier Secrétaire de M. Le Noir lieutenant-général de police; il y fut question de moi; et ce secrétaire lui dit : Savez-vous combien ce Monsieur a déjà coûté au roi? 217,000 livres. Or, d'après l'injustice affreuse dont il est démontré que je suis la victime; car on a violé dans ma personne toutes les lois divines et humaines, je ne crois pas qu'aucun tribunal de justice pût me refuser de me faire donner en dédommagement, par mes persécuteurs vivans, ou sur les biens de ceux qui sont morts, la même somme qu'ils ont fait, dépenser injustement au roi pour me faire périr.

A la mort du roi Louis XV, arrivée le 10 mai 1774, il y avoit vingt-cinq ans que j'étois dans les prisons. L'année suivante, M. de Malesherbes, ministre, et M. Albert, lieutenant-général de police, vinrent visiter tous les prisonniers du donjon de Vincennes : j'eus le bonheur de les voir. M. de Malesherbes fut le premier à me promettre de me rendre la liberté au premier jour. Il eut la bonté de s'informer si j'avois de quoi vivre en sortant d'une aussi longue captivité. Quelques jours après, il m'envoya demander, par M. de Rougemont, lieutenant de roi, un mémoire des hardes dont j'avois besoin pour ma sortie. M. Amelot remplaça bientôt ce respectable ministre; mais à la place de M. Albert, ce fut, hélas! M. Le Noir qui fut fait lieutenant de police.

M. de Saint-Vigor, contrôleur-général de la maison de la reine, s'adressa à M. Amelot, pour solliciter ma sortie. Ce ministre me la rendit bientôt, l'exempt m'en apporta l'ordre le 5 juin 1777 m'enjoignit de me rendre chez M. Le Noir, pour parler à ce magistrat, qui m'indiqua lui-même l'endroit où je devois toucher l'argent que me devoit envoyer ma famille. Le lendemain, je me rendis à l'hôtel de la police, j'assurai M. Le Noir de mon respect, et lui demandai la permission d'aller à Versailles pour remercier le ministre qui avoit délivré l'ordre de ma sortie, et M. de Saint-Vigor, qui avoit bien voulu la solliciter. Ce magistrat me l'ayant accordée, je me rendis d'abord chez M. de Saint-Vigor, qui m'envoya chez M. Amelot, en me recommandant de demander M. Rivière, commis de ce ministre, et M. Robinet, premier commis, qui me dit que ma famille désiroit ardemment de me voir, que je lui devois bien cette satisfaction en me rendant au plus tôt à ses désirs.

M. Rivière m'introduisit lui-même dans l'appartement de ce ministre; mais comme il était à s'entretenir avec un ambassadeur, je ne pus lui faire mes remercîmens de la grâce qu'il ne m'avoit pas accordée. Le lendemain, je me rendis de nouveau chez M. Rivière, pour le prier de me faire obtenir une audience de M. Amelot, afin de lui parler de mes affaires. J'eus l'honneur d'entretenir ce ministre et de lui remettre quelques-uns des projets que j'avois faits pendant ma captivité, et dont j'avois appris, depuis ma sortie, qu'on s'étoit servi. Je le priai de vouloir bien les examiner et de me dire ensuite ce qu'il en penseroit; après les avoir lus attentivement, il me dit, en parlant de mon projet militaire, que s'il étoit vrai que j'eusse rendu ce service, et que je n'en eusse

point été recompensé, il lui paroissoit équita-
ble que je le fusse, et que pour cela, je devois
présenter au roi un placet.

Je touche au plus douloureux des instans de
ma vie. J'en frémis encore en y pensant; je
vais rappeler le moment où toutes mes espérances s'évanouirent, indiquer le jour, où re-
poussé au fond de l'abîme que j'avois su fran-
chir, je le vis pour jamais refermé sur ma
tête.

Je m'étois fait une loi de soumettre à M. Rivière le placet que je me proposois de présenter au roi et au ministre, qui le trouva bien.
M. le prince de Beauveau, capitaine des gardes, à qui j'eus l'honneur de demander permission de présenter mes papiers, eut aussi la
bonté d'approuver tout ce qu'ils contenoient
et de les signer selon l'étiquette. Il m'instrui-
sit que je devois les présenter au roi à la porte
de la Chapelle, quand il iroit à la messe. Ce
prince exigea même de moi un récit exact de
toutes mes aventures, et l'écouta, j'ose le dire,
avec le plus grand intérêt; je remis ensuite

mes papiers à sa majesté. Au bout de douze jours, quand j'allai demander la réponse de mon placet, le ministre auparavant si disposé en ma faveur, ne me fit qu'un accueil froid et reservé, qui, je l'avone, me fit concevoir un triste pressentiment de nouveaux malheurs. Pour toute réponse, on m'enjoignit de retourner promptement dans ma province. J'obtins un délai de huit jours, pour me munir des choses qui m'étoient nécessaires, et je retournai à Paris le 10 juillet. Je me rendis, sur une lettre d'invitation du lieutenant-général de Police, à l'hôtel de ce magistrat : j'en reçus un ordre précis de retourner dans ma province, je lui promis une prompte obéissance, et en effet je pris le lendemain le coche d'Auxerre.

Le 15 juillet, jétois à quarante-trois lieues de Paris, à Saint-Brien, deux lieues au-dessus d'Auxerre, véritable route de l'endroit où il m'étoit ordonné de me rendre; un coup de foudre m'auroit moins frappé que ne le fit la vue d'un inspecteur de police, nommé Marais, qu'on avait envoyé en poste sur mes traces. Il m'arrêta, me fit reprendre la route de Paris, me conduisit dans la prison du petit Châtelet, où je fus mis au secret. Trois jours après, le commissaire Chenon père, vint se saisir de tous mes papiers, parmi lesquels on n'en trouva sans doute aucuns contre la religion, le gouvernement et les lois. Le premier août 1777, du petit Châtelet je fus transféré à Bicêtre et jeté dans un cachot à dix pieds sous terre. On ne daigna pas m'instruire d'une détention aussi inattendue, aussi rigoureuse; on se contenta de me dire avec brutalité, en me renfermant dans mon cachot, que je serois roué de coups de bâton, si j'osois écrire à M. Amelot.

Cet événement, joint aux circonstances qui l'ont précédé, accompagné et suivi, a toujours été pour moi une énigme incompréhensible, quelques efforts que j'aie faits pour en pénétrer la cause. L'ame la plus dure ne pourra, je crois, s'empêcher de convenir que la faute de jeunesse qui avoit occasioné ma première détention, n'eût été suffisamment expiée par vingt-sept années de captivité. Cette faute, d'ailleurs, étoit en effet pardonnée, puisqu'on m'avoit accordé mon élargissement ; et il est certain, et sera par la suite avéré, que, depuis le 6 juin, époque de ma liberté, jusqu'au 25 juillet qu'elle me fut de nouveau ravie, ma conduite avoit été parfaitement innocente, et mes propos circonspects, jusqu'au silence le plus exact. Pourquoi donc M. Amelot, qui m'avoit paru favorablement disposé lors de ma première visite, me sembla-t-il tout-à-fait refroidi la seconde ? Pourquoi me donner l'ordre de quitter Paris et de retourner dans ma province ? Pourquoi, enfin, dans le moment où j'exécute ponctuellement cet ordre, me faire arrêter à quarante-trois lieues de Paris ? et pourquoi, surtout, faire enfermer un homme, auquel on ne pouvoit reprocher aucun crime, dans un cachot souterrain de Bicêtre ?... Séjour affreux, qui n'a jamais été destiné qu'aux plus grands scélérats, souillés des plus noirs forfaits, et auxquels des raisons politiques ont voulu sauver les derniers supplices.

La lettre choquante que j'avois adressée à
M. de Sartines étoit-elle ignorée de M. Amelot
lorsqu'il m'accorda ma liberté? lors même de
ma première visite?... En auroit-il été informé
depuis par M. de Sartines; et seroit-ce pour se
venger encore de cette lettre que ce lieutenant
de police, devenu ministre de la marine auroit
sollicité ma nouvelle détention? Il n'est pas
vraisemblable que M. de Sartines, sans autre
motif, eût poussé aussi loin le ressentiment
d'une offense déjà très-ancienne, déjà expiée,
et dont le désespoir seul dans lequel il m'avoit
plongé lui-même, avoit été l'unique cause, et
ce motif ne paroît pas suffisant pour expliquer
une aussi grande rigueur. Mais j'avois été
traité de lui avec beaucoup de cruauté, et je
puis dire d'injustice; il n'ignoroit pas d'ailleurs
que je serois tenté de le faire : et il paroît plus
probable que voilà le véritable crime qui a occasioné mon nouveau malheur, et qui a fait
désirer à M. de Sartines et à son ami M. Le Noir
de me soustraire à tous les regards et à m'ensevelir dans l'oubli le plus profond; voilà ce

qui les a engagés à faire choix d'un cachot souterrain de Bicêtre pour me servir de prison ou plutôt de tombeau ; et cette explication est la seule qu'on puisse donner à un choix qui sans elle, ne pourroit certainement paroître qu'absurde et inconcevable.

Si cette explication avoit besoin de confirmation, elle la recevroit de la bouche de M. Le Noir lui-même, qui ne pouvoit cet hiver s'empêcher de témoigner aux personnes qui sollicitoient mon élargissement, les craintes qu'il avoit que *je n'écrivisse* ; et qui ne cessoit de leur répéter que s'il me lâchoit une fois, je ne manquerois pas *d'écrire* aussitôt que je serois en liberté.

Au reste, j'ai été tellement oublié dans ce cachot, que j'y ai passé six années sans voir un seul juge, ni avoir été interrogé une fois ; et que le seul interrogatoire que j'aie subi, est du 21 avril (1783) dernier.

INTERROGATOIRE.

M. Le Noir. Votre tête est-elle rassurée? De tems en tems n'avez-vous pas encore de petites folies?

Latude, avec étonnement. Je n'ai jamais donné de preuves d'avoir perdu l'esprit.

M. Le Noir. J'ai lu vos lettres.

Latude. Les avez-vous lues en ma présence?

M. Le Noir. Non.

Latude. Mais il n'est pas permis de punir un homme sans entendre sa défense.

M. Le Noir. Mais vous avez échappé de la Bastille, de Vincennes; ce sont là des folies.

Latude. Si vous appelez folies des traits d'esprit, cela est différent; mais je ne crois pas que personne au monde, ni aucun de ceux qui sont ici à m'écouter, pensent qu'il y ait de la folie à échapper de ces redoutables demeures, (il y avoit trente personnes présentes); il faut au contraire avoir une bonne tête, et l'esprit très-présent, pour réussir à de pa-

8

reilles entreprises (tous ceux qui m'écoutoient ont dit: ma foi il y a plus d'esprit que de folie.)

M. Le Noir. Avez-vous cherché à échapper de cette maison?

Latude. Non, monsieur.

M. Le Noir. Et pourquoi ayant échappé des autres maisons, n'avez-vous pas essayé à échapper de celle-ci?

Latude. J'ai échappé des autres prisons, parce que j'avois affaire à une partie qui n'entendoit ni rime ni raison; mais dans cette maison, j'ai toujours espéré qu'on me rendroit la justice qui m'est due.

M. Le Noir. Qui est votre partie?

Latude. Monsieur, permettez-moi de vous taire son nom.

M. Le Noir. Pourquoi? vous n'avez qu'à le dire.

Latude. C'était Mme de Pompadour.

M. Le Noir. Mais vous avez eu plusieurs traits de folie?

Latude. Ceux qui vous ont dit cela vous en ont imposé; jamais je n'en ai eu, et je vous supplie de vous souvenir du bon rapport que les moines de Charenton vous firent en 1776, de ma bonne conduite, et qu'en conséquence vous me promîtes ma sortie au premier jour. Voilà six ans que je suis ici au cachot, à dix pieds sous terre, au pain et à l'eau ; et je demande le premier pour quel crime j'ai subi un traitement aussi rigoureux ? Or, si j'avois été affecté de la moindre folie, il est sans doute que dans ce lieu affreux j'en aurois donné quelque signe ; car, sans le secours généreux d'une dame vertueuse, j'y serois mort de misère.

M. Le Noir. N'est-ce pas Mme Rossignol ? (il avoit oublié le nom de la dame dont il vouloit parler.)

Latude. Non, monsieur ; mais elle m'a envoyé des secours sur le récit qu'un prisonnier lui fit de ma triste perplexité. Or, vous n'avez qu'à demander à M. Tristan que voilà. M. le capitaine ; à M. le lieutenant, si, depuis six ans que je suis ici, j'ai donné le moindre sujet de plainte. Ces messieurs répondirent unanimement que non, et M. Tristan ajouta même que M. le chevalier s'intéressoit au sort de Latude.) Un fou n'est pas toujours maître de sa tête; si je l'étois, présentement que je suis en votre présence, et celle de tant de personnes respectables qui vous entourent, il est hors de doute que je vous aurois lâché quelques extravagances; je ne crois pas que j'aie proféré une seule parole qui puisse faire juger que j'aie perdu l'esprit.

M. Le Noir. Non; mais votre liberté vous a été rendue.

Latude. Oui, Monsieur, le 6 juillet; et je vins vous remercier et vous demander la permission d'aller à Versailles pour remercier le ministre et M. de Saint-Vigor, contrôleur-général de la maison de la reine, qui l'avoit sollicitée. Ce Monsieur étoit un bon ami de feu mon père; il me dit de m'adresser à M. Rivière, commis de M. Amelot; qu'il étoit instruit, et me diroit tout ce que j'avois à faire; or, il est évident que j'ai suivi tous ses bons conseils au pied de la lettre pendant quarante jours que j'eus ma liberté, il est constant que je ne proférai pas une parole qui pût déplaire à personne; et néanmoins, malgré ma bonne conduite, retournant dans le sein de ma famille, je fus arrêté à quarante lieues de Paris, et mis dans un cachot à Bicêtre; et voilà la première occasion que j'ai eue de demander pourquoi j'y ai été conduit.

M. Le Noir. Connoissez-vous vos ennemis?

Latude. Je ne les connois, ni ne veux les connoître.

M. Le Noir. Mais vous soupçonnez quelqu'un? (ceux qui étoient avec M. Le Noir : Il faut le dire si vous les connoissez, on veillera à votre conservation.)

Latude. Puisque vous voulez que je le dise, je crois que c'est M. de Sartines, votre bon ami, qui me persécute.

M. Le Noir. Il est vrai que M. de Sartines est mon ami; mais, enfin, où prétendez-vous aller? Vos epapirs sont sous les yeux du roi.

Latude. S'il n'y a que mes papiers sous les yeux du roi, je dois bien espérer, parce qu'ils ne contiennent que des choses justes et équitables, et je ne cesse d'adresser au ciel des prières pour la conservation de ses jours précieux, et de toute la famille royale.

Fin de l'Interrogatoire.

Tout ce qui suivit ma dernière détention, fut calculé pour épaissir l'obscurité dans laquelle on vouloit ensevelir ma malheureuse existence, et pour écarter le peu de personnes qui pouvoient y prendre part, et rien ne fut épargné pour me priver de tout appui, et me faire tomber dans un abandon universel.

Un gentilhomme de mes amis ayant été à l'hôtel de la police pour s'informer du crime que j'avois commis, on ne se fit pas scrupule de lui répondre que j'avois été chez une dame de condition pour lui tirer de l'argent, en l'intimidant par des menaces.

Quelque tems après, M. le président de Gourgues, en faisant la visite de Bicêtre, me découvrit dans mon cachot. Le seul mot de trente-trois ans de captivité le fit frémir, il daigna s'intéresser à mon sort; mais on l'assura que ce laps de tems n'avoit pas encore pu modérer ni mes emportemens ni mes violences.

M. le vicomte de la Tour du Pin, étant d'une semblable compassion, voulut bien aussi faire quelques démarches en ma faveur auprès d'une personne en place; mais on l'écarta, en disant que j'étois détenu par un ordre particulier du roi. Ainsi, on faisoit des réponses différentes suivant l'état et le caractère des personnes qui sollicitoient ma liberté, et on choisissoit pour chacune celles qui étoient les plus convenables à leur état, et à les dissuader de s'intéresser davantage à mon sort.

La contrariété de ces réponses suffiroit seule pour prouver qu'elles n'étoient que des prétextes inventés pour se débarrasser de mes sollicitations. La fausseté de la première est démontrée par cela seul qu'on a cessé de l'articuler, puisque de toutes, il n'y avoit qu'elle qui pût justifier en quelque sorte la rigueur dont on me traitoit.

Il n'en existe d'ailleurs aucunes traces dans les bureaux de la police, qui ont été compulsés cet hiver par les personnes qui sollicitoient ma liberté, et qui auroient cessé de s'intéresser à moi, si j'eusse été coupable d'un crime aussi honteux. Enfin ce qui complète mon innocence, c'est que M. de Sartines et M. Le Noir sont convenus, devant témoins, que ce crime ne m'avoit jamais été imputé; et l'on voit en conséquence qu'il n'est fait aucune mention de cette accusation dans l'interrogatoire que m'a fait subir M. Le Noir, le 21 avril dernier.

A l'égard de la folie et des emportemens qu'on m'y reproche, quand j'aurois eu réellement l'esprit altéré par la longueur et par l'exès des maux, et quand, dans l'horreur de ma prison, j'aurois eu le malheur de me livrer quelquefois au désespoir, est-ce en prolongeant les tourmens qui m'auroient mis dans cet état, qu'on prétendoit les faire cesser? est-ce au fond d'un cachot souterrain, qu'on doit renfermer un homme innocent, dont les longues douleurs auroient troublé la raison? Et la justice et l'humanité ne sont-elles pas également révoltées d'un semblable traitement? Si j'étois effectivement en démence, ce ne seroit ni à Bicètre, ni encore moins dans un cachot que je devrois être renfermé; mais dans un des asiles destinés au traitement de cette maladie. Je pourrois en ce cas réclamer, à bien juste titre, les soins qui sont dus à tous les infortunés qui sont dans cet état; et j'y aurois certainement des droits plus inconstables que personne, puisque ce malheur ne pourroit être que l'effet des longues rigueurs dont j'ai été accablé, et auxquelles mon esprit auroit enfin succombé.

Mais grâces au ciel cette imputation est aussi fausse que la première; j'espère que la lecture de ces Mémoires, auxquels je ne mets aucune prétention d'écrivain, en avouant qu'ils sont de moi, suffira seulement pour convaincre que ma raison n'est pas plus égarée, que ma mémoire aliénée; et mon confesseur, mes gardes, les administrateurs de la maison où je suis détenu, et depuis que je suis sorti du cachot, mes consorts de détention, tous enfin sont prêts à rendre témoignage de ma patience et de ma douceur.

Enfin le ciel ayant accordé un dauphin aux vœux de la France, le roi eut la bonté de nommer une commission, qu'il chargea de faire grâce à tous les prisonniers qui ne seroient pas prévenus de crimes capitaux. M. le cardinal de Rohan, président de cette commission, m'entrevit au fond de mon cachot en faisant la visite de Bicêtre, il prit pitié de la misère extrême dans laquelle j'étois plongé, et me promit d'examiner mon affaire avec les yeux de la justice et de la compassion. Il commença à me faire sortir du cachot, en me laissant espérer qu'il me rendroit bientôt ma liberté; il me rendit au moins la lumière, et me fit mettre, en attendant l'autre, à la chaussée de Bicêtre, où je suis encore au pain et à l'eau; et c'est de ce lieu honteux, où, confondu comme je le suis avec le rebut de la société, que comptant toujours sur l'accomplissement des promesses de M. le cardinal, j'ai trouvé encore le moyen de faire passer en des mains sûres la première partie des Mémoires que vous lisez..

Quelques personnes considérables en les lisant, furent touchées de l'excès de mes malheurs, et daignèrent solliciter mon élargissement. M. Le Noir ayant appris, ou par elles, ou je ne sais comment, que j'étois sorti du cachot; ayant su les espérances que M. le cardinal m'avoit données, et voyant surtout l'éclat que ce Mémoire commençoit à faire, et l'intérêt qu'il inspire, se montra disposé à écouter favorablement les sollicitations qu'on lui feroit, promit à plusieurs reprises de m'accorder ma liberté, fit espérer qu'elle seroit plus tôt obtenue par *lui* que par le moyen de la commission, et *empêcha*, de cette manière, *qu'on ne fit des démarches auprès d'elle.*

M. LeNoir, en confirmation de ses promesses, demanda que quelqu'un se présentât pour répondre de ma conduite. Une dame charitable s'offrit pour remplir cette formalité. A la vérité cette dame effrayée des suites que des gens officieux ne manquèrent pas de lui faire envisager que cette démarche pourroit avoir pour elle, différa quelque tems de faire les soumissions qu'on exigeoit. Mais enfin après bien des longueurs et des délais, M. Le Noir, vaincu par de nouvelles instances, envoya chercher cette dame, lui promit positivement ma liberté; la rassura sur ses craintes, et l'engagea à *donner ce cautionnement qui fut enfin signé*, et qui existe dans les bureaux de la police.

En apprenant ces détails, je crus toucher au moment qui doit mettre fin à mes malheurs; et l'espérance d'une délivrance prochaine me les faisoit déjà oublier. Mais, hélas! quelle est la fatalité qui me poursuit? et qu'on se représente, s'il est possible, l'accablement affreux dans lequel me plonge aujourd'hui la triste nouvelle que je reçois, qu'après des espérances bien fondées, des paroles aussi positives, le ministre refuse de m'accorder ma liberté; assure que le roi me regarde comme un homme atroce et dangereux, et déclare que mes longues souffrances n'auront d'autre terme que celui de ma vie.

Quel mystère inconcevable renferme cette funeste déclaration du ministre, et comment peut-on l'accorder avec les promesses que M. Le Noir n'a cessé de faire aux personnes qui ont daigné le solliciter en ma faveur? S'il est vrai que le roi ait prononcé ces terribles paroles, qui sont pour moi l'arrêt de la mort la plus cruelle; s'il est vrai qu'il ait de moi cette idée *d'atroce*, quel compte faut-il qu'on lui ait rendu de ma conduite? quel portrait affreux lui aura-t-on fait de moi?

Le roi ne connoît ni ne peut assurément connoître les prisonniers qui sont détenus en vertu des ordres donnés en son nom, et ne peut rien savoir de ce qui les concerne, que d'après l'exposé qu'on lui fait de leur caractère et de leurs actions. La justice et la bonté du roi étant connues, on peut donc toujours, d'après le rapport qu'il entendra faire d'un prisonnier, prévoir quels ordres il donnera à son égard : et celui qui lui fait ce rapport, sans qu'aucun contradicteur lui soit opposé, ni que le prisonnier puisse être entendu dans ses défenses, est donc, pour ainsi dire, le maître de déterminer la volonté du roi, et lui dicte (si l'on ose ainsi parler) en quelque sorte la décision.

M. Amelot est personnellement aussi peu instruit de ma conduite que le roi lui-même; et ne peut rien savoir que par le compte que M. Le Noir lui en rend; et par conséquent M. Le Noir a déterminé le rapport que M. Amelot fait au roi de moi, aussi nécessairement que celui de M. Amelot va déterminer la décision de Sa Majesté.

Comment donc supposer que M. Le Noir fut sincère quand il promettoit de m'accorder ma liberté, tandis qu'il étoit résolu de moi à M. Amelot un compte qui le forceroit de faire au roi un portrait de mon caractère, qui devoit déterminer Sa Majesté à me retenir à jamais dans la plus triste captivité!

M. Le Noir pourroit-il donc être en effet sincère, ou s'il ne l'étoit pas, quel pouvoit être le motif de cette dissimulation, et le but qu'il se proposoit par cette feinte?..... On se perd en y pensant; et mes malheurs sont en vérité si grands et si extraordinaires, qu'il est aussi difficile de les comprendre que de les supporter.

S'il est possible de supposer que M. Le Noir fût sincère dans le tems qu'il promettoit de m'accorder mon élargissement; la seule cause qu'on puisse soupçonner de son changement de volonté à mon égard, ne peut s'attribuer qu'à l'endroit, vers la fin de mon interrogatoire, où il m'a, pour ainsi dire, forcé d'avouer que je croyois que M. de Sartines étoit mon ennemi, et où il déclare lui-même, au contraire, que M. de Sartines est son ami. Mais si telle est la raison du changement des dispositions de M. Le Noir, et si ce seul nom prononcé a décidé ma perte, je puis dire que je suis tombé dans un piége bien funeste, et que je suis puni bien cruellement de ma simplicité.

Je supprime la foule des réflexions qui se présentent, et je demande comment on a pu me représenter comme un homme dangereux et atroce ? Comment on peut savoir qu'un homme qui n'a paru qu'un moment dans la société pendant son extrême jeunesse : un homme que toutes les personnes qui ont pu le voir dans la plus affreuse des captivités, disent avoir été pendant toute l'énormité de ce tems le plus résigné, le plus patient, le plus doux des hommes, et sont prêts à rendre unanimement ce témoignage encore satisfaisant pour lui.

Il est tems de finir ces Mémoires, qui dans le tems désespéré où je suis, ne peuvent qu'accroître encore mes maux, en me rappelant leur cause, leur durée et leur excès. Ma première faute, quoique répréhensible, et que je suis bien éloigné de chercher à excuser, ne renfermoit, du moins en elle-même, aucune intention criminelle : elle recevroit même une sorte d'atténuation de mon inexpérience et de ma jeunesse; et ce qu'on peut me reprocher depuis mérite à peine le nom d'imprudence.

En réparation j'ai langui douze mille cent soixante-trois jours dans les différentes prisons

où j'ai été transféré successivement. De ce nombre de jours, de ces jours dont chacun semble si
long, couché sur la paille sans couverture, dé-
voré par des insectes dégoûtans, réduit au pain
et à l'eau pour toute nourriture, j'en ai gémi
trois mille cent soixante-sept dans l'humidité
et l'infection, dans l'obscurité des cachots! et
pendant douze-cent-dix-huit de ces jours,
ou plutôt de ces nuits perpétuelles et affreuses,
mes pieds et mes mains ont été meurtris et
écorchés par les fers dont on m'enchaînoit. Le
plus grand criminel paroîtroit sans doute
déjà trop puni par ces longs tourmens : qu'on
compare ma faute à cet énorme supplice, et
qu'on dise, d'après ce tableau, si l'on peut refuser à mes malheurs une larme de pitié.

EXTRAIT

DU MÉMOIRE DE M. DE COMEYRAS.

C'est à l'occasion de la naissance de monseigneur le Dauphin, et lorsque le roi a nommé cette commission dont l'objet est de faire grâce aux coupables qui n'ont pas commis de crimes capitaux, que M. le cardinal de Rohan, qui la préside, ayant été autorisé à se faire ouvrir toutes les prisons, trouva le malheureux DE LATUDE dans la sienne à dix pieds sous terre, couvert de lambeaux, une barbe d'un pied et demi de long, n'ayant pour lit que de la paille, du pain et de l'eau pour alimens. Il eut l'humanité de lui faire donner une demeure plus supportable; et c'est à sa bienfaisance, à celle d'un grand nombre de personnes du premier rang, auxquelles M. le cardinal de Rohan a fait connoître son sort, qu'il a dû les aumônes qui l'ont adouci.

Un scélérat noirci des plus grands crimes les auroit trop expiés par trente-cinq années de captivité, et toutes les barbaries qui l'ont accompagné. Qu'on juge quelle pitié mérite un homme qui n'a fait qu'une faute qui n'intéressoit ni le roi ni rien de ce qui touche à sa personne, ni l'état, ni la société; une faute dont les motifs n'avoient rien de criminel, que sa jeunesse seule excusoit, et que six mois de prison auroient suffisamment punie.

Il demande aujourd'hui qu'on lui rende sa liberté; mais ses ennemis s'y opposent encore. Ne pouvant calomnier ses actions, ils calomnient ses pensées; ils le peignent comme un fou noir, dangereux, ulcéré d'une détention si longue et si cruelle, et dont la rage s'exhalera en injures et en libelles, dès qu'il aura la liberté d'en composer impunément. Hélas! ils le connoissent bien mal! Agé de soixante ans, accablé d'infirmités prématurées; n'ayant plus que quelques jours languissans, ce n'est pas à cette triste vengeance qu'il les destine. Il n'aspire qu'à les passer paisiblement, soit avec ce qu'il pourra retrouver de sa famille, soit auprès de quelques amis généreux qu'il doit à ses malheurs, et qu,ils connoissent assez pour répondre au gouvernement de tout ce qu'il fera le reste de sa vie.....

Le sieur de Latude a enfin obtenu sa liberté le 18 mars 1784, avec quatre cents livres de pension. C'est un bienfait de M. le baron de Breteuil. Qu'il soit permis à l'auteur du Mémoire qu'on vient de lire, de faire connoître sa première et plus ancienne bienfaitrice, en lui rendant des actions de grâces au nom de cet infortuné.

Une femme nommée Mme le Gros, sortant de sa maison, rue des Fossés-Saint-Germain-l'Auxerrois, dans le courant du mois de juin 1781, vit au coin d'une borne un paquet de papiers déjà froissé, et couvert de boue : elle le ramasse, rentre chez elle, et lut ce qu'il renfermoit. C'étoit un mémoire qui exposoit une partie des malheurs du sieur de Latude, et qui étoit signé *Henri Masers de Latude, prisonnier à Bicêtre, dans un cachot à dix pieds sous terre, et au pain et à l'eau depuis trente-trois ans.*

Ce mémoire étoit adressé à un président de Tournelle; le malheureux prisonnier protestoit de son innocence et demandoit qu'on le transférât à la Conciergerie, et qu'on lui fît son procès sur tous les griefs que pourroient imaginer ses ennemis.

Que Mme Le Gros ait été fortement émue en lisant ce mémoire, ce n'est pas ce dont on la loue. C'est l'effet qu'un malheur si long, si extraordinaire auroit produit sur l'ame la plus commune.

Mais qu'en apprenant le sort d'un infortuné avec lequel elle n'avoit jamais eu de liaison d'aucune espèce, qui n'existoit même pas pour elle quelques heures auparavant, et qui n'avoit pour recommandation que l'excès de son malheur, elle ait résolu de consacrer sa vie à lui faire rendre sa liberté, et de ne se reposer qu'après l'avoir obtenue; qu'elle ait persisté trois ans entiers, sans être un seul instant ni rebutée, ni effrayée des difficultés, des dégoûts, des dangers même de toute espèce qu'elle rencontroit; c'est un acte de vertu et d'humanité qu'il faut d'autant plus admirer, qu'il n'en existe peut-être pas un second exemple.

Elle avoit heureusement un mari qui étoit digne d'en partager le mérite. Il alla chez le président de Tournelle, à qui le mémoire étoit adressé, et qui lui dit : « qu'il avait vu cet infortuné; qu'il avoit fait plusieurs démarches pour lui rendre service, mais qu'on lui avoit répondu que c'étoit un homme dangereux, un fou, sujet à des accès de rage, tels que trente-deux ans de captivité n'avoient pas suffi à les amortir. »

En apprenant cette réponse, et qu'on n'accusoit le prisonnier d'aucun crime ; elle se douta que la folie n'étoit qu'un prétexte inventé pour rebuter ses protecteurs et empêcher qu'il ne fût secouru. Alors elle chercha à pratiquer dans le château de Bicêtre quelques personnes par lesquelles elle pût arriver jusqu'à lui. Elle y réussit à force de tems et de peines, et s'en servit pour lui faire tenir une lettre, où elle lui marquoit : « J'ai trouvé votre mémoire, qui m'a beaucoup attendrie; accordez-moi, je vous en prie, votre confiance, je ferai tout ce qui est en mon pouvoir pour vous être utile. Envoyez-moi un détail bien circonstancié de vos affaires, et surtout ne me déguisez rien. Je ne signe pas, crainte de quelque malheur.»

Cet infortuné n'étoit pas accoutumé à trouver tant de pitié dans une inconnue. Il se livra à elle sans réserve, malgré le mystère qu'elle lui avoit fait de son nom, et lui a fait passer ce qu'elle demandoit. C'est sur cette espèce de canevas que son mari dressa les mémoires. Après quoi, l'un et l'autre se mirent en mouvement pour lui chercher des protecteurs.

On ne dira pas toutes les peines qu'ils eurent pour en trouver. Nés l'un et l'autre de parens honnêtes, mais sans fortune; ayant pour unique moyen de vivre, ce que le mari gagne à faire des éducations, ils dérobèrent sur leur plus rigoureux nécessaire de quoi payer les voitures qui les transportoient à Bi-cêtre, ou dans l'anti-chambre de ces gens chez qui le pauvre n'a pas même le droit d'arriver crotté, ou même à plusieurs lieues de Paris, et partout où ils croyoient pouvoir découvrir des protecteurs à leur prisonnier. On n'en citera qu'un seul exemple.

On avoit dit à Mme Le Gros, qu'il y avoit une Mme Duchesne, femme-de-chambre de Madame, qui en était fort bien traitée, et par qui 'elle pourroit faire parvenir un mémoire à cette princesse. Elle fit pendant trois jours des courses dans tout Paris pour la découvrir : personne ne la connoissoit. Elle partit pour Versailles, et elle apprit que Mme Duchesne étoit à Santeny, à sept lieues de Paris. Elle y va, et la trouve partie depuis une heure. Alors il fallut revenir à Paris, la bourse épuisée, moitié à pied et moitié dans les voitures qu'elle rencontroit dans les chemins. Le lendemain elle retourna à Versailles, parvint à faire parler à Mme Duchesne, et même en rapporta la promesse de présenter le mémoire de son prisonnier. Elle s'étoit donnée une entorse en allant chez cette dame, et n'en entreprit pas moins de revenir à pied à Paris. Mais après avoir horriblement souffert sur la route, elle tomba au haut de la montagne des Bons-Hommes, de fatigue et accablée de douleurs, et hors d'état de faire un pas de plus. On la transporta chez elle, où elle passa six semaines dans son lit. Dès qu'elle put marcher, elle reprit le chemin de Versailles avec son mémoire : mais Mme Duchesne refusa absolument de le présenter. Elle lui avoua qu'un de ses amis en qui elle avoit toute confiance *, lui avait dit : « de se bien garder d'importuner la princesse pour un objet de cette nature : elle ajouta que le meilleur conseil qu'elle pouvoit lui donner à elle-même, étoit de se tenir tran-

* On voit à cette réponse l'air des bureaux de M. Amelot, pris et rendu dans le langage politique et si censé d'un sieur abbé Chaus, fils d'une marchande de fils de la rue Mouffetard, devenu propriétaire de la charge de sous-précepteur des pages du roi, et conseiller depuis long-tems de Mme Duch......, courtisan fin et délié, d'une prudence excessive, et seulement à l'affût des bonnes affaires qu'il peut lui faire solliciter sans peine.

quille et de ne se plus mêler d'une affaire qui pouvoit la perdre , sans qu'elle pût être dédommagée du péril qu'elle couroit par une espérance un peu raisonnable de réussir. »

Ce qui lui arriva alors chez Mme Duchesne, lui est arrivé cent fois depuis avec des gens bien plus considérables; elle pénétra jusques à eux avec une patience toujours agissante, et que rien ne lassoit. Elle n'avoit aucune peine à les émouvoir, car tous les premiers mouvemens étoient bons; mais tous les autres étoient foibles, et tout se terminoit par ne rien faire, ou du moins par ne rien obtenir.

C'est vers ce tems que naquit monseigneur le Dauphin. On dit alors à Mme Le Gros que le roi institueroit à cette occasion un tribunal dont l'objet seroit d'examiner les procès de certains coupables, et de leur faire grâce quand ils n'auroient pas commis de crime capital.

Elle songea tout de suite à y faire comprendre son prisonnier; pour cela il falloit intéresser M. le cardinal de Rohan, qui devoit présider la commission. Elle commença par gagner la femme du Suisse, en lui racontant une partie de son histoire. De là, au bout de quarante ou cinquante visites, elle parvint jusqu'au secrétaire. Il lui apprit que M. le cardinal avoit déjà vu le prisonnier; qu'il l'avoit fait retirer de son cachot souterrain, et lui avoit fait donner une demeure plus supportable, et qu'il venoit même de lui envoyer un secours d'argent : qu'elle pouvoit compter qu'il s'intéresseroit vivement à lui, et qu'il seroit compris parmi les accusés que la commission devoit examiner, et dont elle faisoit expédier la grâce.

On ne dira pas comment ce malheureux prisonnier fut rayé de la liste où on l'avoit dabord placé : heureusement nous n'avons plus à parler que des services que sa bienfaitrice lui a rendus. Elle alla le voir dans son cabanon, dès qu'elle apprit qu'il y étoit; elle y retourna tout aussi souvent qu'elle le put, sans se rendre suspecte, et sans se rebuter ni de l'éloignement, ni de la fatigue que le moindre mouvement lui causoit, vu qu'elle étoit grosse, et que sa grossesse étoit fort avancée.

Il étoit presque nud, et manquoit de tout : elle lui acheta des bas, des chemises ; elle lui apporta une robe-de-chambre qui devoit le couvrir chaudement, et qu'elle lui avoit faite elle-même. Elle y joignoit tout l'argent qu'elle pouvoit dérober à son plus étroit nécessaire ; et quand il ne lui restoit plus rien, elle alloit encore le voir, et lui apportoit du moins des espérances et des consolations.

Voilà la plus petite partie des choses que Mme Le Gros a faites pour son prisonnier. On l'a appris beaucoup plus de lui que d'elle : car sa modestie s'obstinoit à tout cacher, hors les démarches qu'il falloit bien qu'elle avouât, parce qu'elles avoient tout Paris pour témoin. Heureusement qu'on trouvera quelques détails qui manquent, dans une lettre qu'une des plus respectables protectrices de Mme Le Gros a écrite à l'auteur de ces mémoires, et qu'il va transcrire ici comme le meilleur moyen qu'il ait pour achever de la faire connoître.

« J'ai appris, Monsieur, que vous avez demandé à Mme Le Gros un mémoire détaillé de tout ce qu'elle a fait depuis trois ans, pour obtenir la liberté du 'sieur Masers. D'après les questions que je lui ai faites sur ce qui contient le récit qu'elle vous a envoyé, 'je vois que sa discrétion et sa modestie ne lui ont pas permis de donner à cette bonne œuvre toute sa valeur, et qu'elle s'est bornée à vous parler des démarches qu'elle a faites. Témoin depuis plus d'un an de l'activité, du courage, de la générosité, de la constance, je pourrois même bien dire de l'acharnement qu'elle y a mis, et sans lequel elle n'auroit jamais....., jamais réussi, j'ai le plus grand plaisir à saisir cette occasion de vous en parler.

» Une belle action qui s'accomplit au moment qu'on la projette, est déjà une chose assez rare ; mais une belle action qu'il faut soutenir pendant trois ans, avec une sensibilité et un courage inaltérables aux dépens de son tems, de ses propres affaires, de sa santé et de sa fortune, quand on n'en a pas, c'est ce que je n'avois jamais vu, jusqu'à ce que j'aie connu Mme Le Gros. Beaucoup d'autres auroient pu former la même entreprise, en apprenant les malheurs du sieur Masers, mais pour réussir, il falloit une sensibilité et une constance plus qu'ordinaire : il falloit celle qui anime et qui soutient Mme Le Gros.

» Ni les détails, ni les refus, ni ses espérances cent fois trompées, ni le refroidissement de ceux que tant de difficultés lassoient, ni les inconvéniens personnels auxquels l'exposoit le genre de bienfaisance qu'elle exerçoit, rien enfin ne l'a rebutée. Les représentations même de ceux qui, touchés de tant de générosité, prenoient le plus tendre intérêt à son bonheur, n'ont jamais modéré son zèle. Il croissoit en progression des difficultés, et je ne lui ai jamais vu plus d'ardeur pour réussir, que quand elle sembloit ne devoir plus espérer. Sans autre secours que son courage, et dans un état de santé qu'une grossesse rendoit encore plus déplorable, je la voyois sans cesse l'année dernière s'épuiser en courses pénibles, pour obtenir non des secours pécuniaires ; car elle les fournissoit elle-même à son prisonnier, mais des protecteurs qui pussent le servir. Elle communiquoit sa sensibilité à ceux à qui elle parloit, en gagnoit tous les jours de nouveaux, n'en négligoit aucuns et ne songeoit à se reposer que quand il n'y avoit plus rien.

» C'est ainsi que sans fortune, sans crédit, sans moyens personnels d'aucun genre, elle est parvenue à obtenir ce qu'elle avoit si long-tems, si ardemment désiré. »

« Et quel étoit le but de tant de soins? c'étoit de recueillir chez elle celui qui en étoit l'objet, de partager avec lui le fruit de ses travaux, et ceux de son mari. Je lui ai quelquefois dit que sa situation ne sembloit pas lui permettre de se livrer à tant de gérérosité. J'ai perdu mon fils, me répondit-elle; j'ai promis à mon prisonnier qu'il occuperoit sa place : s'il est jamais libre, je lui tiendrai parole. Elle oublioit en parlant ainsi, qu'un autre enfant né depuis ne laissoit plus cette place vacante. La femme capable de dévouer ainsi toute son existence au sentiment d'humanité, et le mari qui le permet et l'approuve, sont deux êtres bien rares et bien respectables.

» Comme je n'ai jamais vu Mme Le Gros qu'occupée entièrement de celui qu'elle a si bien servi, je suis à peine instruit de sa propre situation. Je sais seulement que, née sans fortune, ses affaires sont encore plus gênées qu'elles ne devroient l'être; parce que venant de perdre son père après des maladies fort longues et par conséquent onéreuses , elle a voulu faire honneur aux dettes que ce malheur leur avoit fait contracter. C'est en remplissant ce devoir aux dépens de son nécessaire, qu'elle a encore trouvé les moyens d'aider le sieur Masers de tout ce qu'elle a pu dans sa prison : qu'elle n'a épargné aucun des frais qu'entraînoient tant de démarches, et qu'elle se félicite aujourd'hui de l'avoir en partie à sa charge, si l'on ne trouve moyen d'ajouter quelque chose aux quatre cents livres de pension qu'on lui a accordé.

J'ai l'honneur d'être , etc.

LETTRES

Le lendemain de la prise de cette forteresse.

Copie de la neuvième lettre envoyée à M. de Sartines, dessus le cul de la terrine.*

Monseigneur,

Quand vous, ou le ministre, avez mis des bornes à la punition d'un prisonnier, vous pouviez bien vous dispenser de le laisser écrire; mais non pas à un homme qui souffre depuis douze années, un homme qui s'est livré lui-même entre les mains du roi, dont la détention n'est point terminée. Les empereurs romains,

---

* Latude indiquait par là le pupitre dont il était obligé de se servir.

les rois de Perse, qui ont été les plus puissans sur la terre, ont donné des lois en faveur des prisonniers, pour leur permettre le droit de défense. Dans tous les états, empires, royaumes, ou républiques, il y a une justice pour tout le monde; n'y a-t-il qu'en France où il n'y en ait pas. Voilà plus de cinquante fois que je vous demande, par écrit, ou par Messieurs les officiers, un moment d'audience, mais je ne puis l'obtenir. Monseigneur, le papier ne dit que ce qu'il porte, il ne répond point aux objections; les Turcs ne sont point sujets, ils sont esclaves; mais on leur parle, on leur répond; aujourd'hui les sujets du roi de France sont-ils pires que ces esclaves? Ce n'est point ainsi qu'on doit traiter les hommes, abuser de faiblesse. Le 3 août, vous avez eu la bonté de m'accorder du papier pour écrire au ministre, je vous en ai remercié, et comptant vous faire une politesse, je me suis encore adressé à vous-même, parce que je sais que c'est obliger un grand homme que de lui fournir des occasions de faire du bien; mais d'abord que vous ne voulez point que je vous doive mon bonheur, je vous supplie d'avoir la bonté de m'accorder du papier, et de ne pas me faire attendre long-tems : je souffre.

J'ai l'honneur d'être, votre, etc., etc.,

Signé, Danry.

A la Bastille, le 6 septembre 1760.

Copie de la dixième lettre envoyée à M. de Sartines, sur le cul de la terrine.

Monseigneur,

Celui qui ne fait que de naître est assez vieux pour mourir; vous qui avez passé la moitié de l'âge, vous devriez bien penser que

* Ce nom avait été imposé à Masers de Latude par le lieutenant-général de police, à sa rentrée à la Bastille après sa première évasion ; il ne pouvait en signer un autre, car toutes celles signées *Danry* ne sont point sorties de la Bastille, et ont été trouvées dans les cartons du greffe.

la mort peut vous surprendre, ou que la fortune peut vous tourner le dos, comme elle a
fait à bien des grands seigneurs ; je ne vous
mettrai sous les yeux que M. le comte de Maurepas, qui étoit favori du roi. Si ce malheur là
vous arrivoit aujourd'hui, quel bien pourrois-
je dire de vous ? Tous les grands hommes, de
tout tems, ont mis leur application à faire du
bien, à se faire louer de tout le monde : pourquoi me voulez-vous priver, monseigneur, de
dire des louanges de vous, si jamais je sors de
la Bastille? Cessez donc de me persécuter; suo-
lagez-moi, vous le pouvez, et ne me liez point
les bras : à ceci, je sais bien ce que vous allez
dire ; *elle veut te tenir, et te tient absolument.*
César, à haute voix, déclara à peu près de
pareilles intentions contre un de ses ennemis.
Cicéron, dit-il, a beau parler, voilà sa sen-
tence de mort : avant que Cicéron eût fini son
discours, il la laissa tomber de ses mains.
Monseigneur, ce n'est qu'en parlant que les
affaires se font : vous n'êtes pas un Dieu, pour
savoir ce que j'ai dans mon esprit ; pour faire

tomber cette résolution, cessez donc de me persécuter. Je vous supplie de m'accorder un moment d'audience et du papier. Si vous ne voulez point que je m'adresse à vous, vous n'avez qu'à me faire dire que c'est pour le ministre que vous me l'accordez; je ne vous importunerai pas davantage. Monseigneur, je vous prie de faire attention qu'il y a douze années que je souffre; de ne pas me retenir plus long-tems dans la misère, faute de m'accorder du papier pour pouvoir me défendre; je vous serai bien obligé.

J'ai l'honneur d'être, avec un très-profond respect, Monseigneur, votre, etc.

Signé, DANRY.

A la Bastille, le 11 septembre 1760.

I I

Lettre écrite à Mme la marquise de Pompadour.

Madame,

Dieu, qui est au-dessus de toute créature, compte les larmes des damnés; à son exemple, je vous supplie d'avoir la bonté de compter les mois qu'il y a que vous me tenez dans la souffrance; ils sont ici exprimés par ce nombre de croix, 137. Madame, on doit pardonner. Souvenez-vous que je n'ai point abusé de mes libertés. Après ma première évasion de la tour de Vincennes, je me livrai généreusement moi-même entre les mains du roi; sept ans après, vu que j'étois oublié, j'échappe une seconde fois; par conséquent je ne devois point ma liberté à vos bonnes grâces; on avoit abusé de ma bonne foi; c'étoit des titres irritans; néanmoins je mis tout au pied de la croix, et plein de confiance en vos bontés, je vous écrivis respectueusement pour avoir la paix. De pareilles époques semblent bien mériter grâce d'un cœur aussi généreux que le vôtre. Madame, si je vous avois offensée de volonté de cœur, je me regarderois comme un monstre; je ne me pardonnerois pas moi-même. Mais comme j'ai eu ce malheur contre mon intention, j'ose venir en esprit me jeter à vos pieds, Madame, pour vous en demander mille et mille fois pardon, pour implorer la miséricorde de votre bon cœur. Madame, celui qui ne fait que de naître est assez vieux pour mourir; vous qui avez passé l'âge de vingt ans, la mort peut vous surprendre; voulez-vou que je ternisse vos vertus, que je dise que vous m'avez persécuté, que vous avez été invulnérable. Madame, on doit pardonner. J'ai souffert : pour l'amour de vos vertus, ayez pitié de moi; je le répète, si, dans le temps que je croyois ma personne en sûreté en Hollande, j'ai eu un cœur humble et respectueux à votre égard; encore plus aujourd'hui, s'il m'étoit possible, si je devois ma chère liberté à vos bonnes grâces. Madame, on doit pardonner; j'ai une pauvre mère de soixante-neuf ans, qui a besoin de mes secours, qui compte, comme moi, ses momens par des larmes. Madame, daignez, Madame, mettre fin à notre désolation; je vous ai toujours souhaité du bien, et en reconnoissance, je continuerois de vous en souhaiter toute ma vie.

Madame, etc.

Signé, DANRY.

A la Bastille, le 12 septembre 1760.

Le 25 de ce mois de septembre, à quatre heures du soir, il y aura cent mille heures que je suis dans la souffrance.

———

Copie de la soixante-cinquième lettre en-voyée à M. de Sartines.

Monseigneur,

Je supporte avec patience la perte de tous mes beaux jours et de ma fortune, je supporte mes rhumatismes, la foiblesse de mon bras, et un cercle de fer autour de mon corps pour le reste de toute ma vie; mais je ne puis point supporter la perte de ma chère vue, elle diminue tous les jours. Je vous supplie, pour l'amour de Dieu, d'avoir la bonté de m'accorder deux heures d'air par jour dans le jardin, ou sur les tours, pour me conserver le peu qui me reste. Monseigneur, si je vous ai écrit des lettres fortes, ce sont mes yeux qui en sont la cause, ils me font perdre la cervelle, je ne puis plus maîtriser ma tête; mais enfin, je vous demande mille fois pardon, que voulez-vous de plus! ma vie, prenez-la tout à la fois, ou daignez m'accorder les remèdes qu'on n'a jamais refusés à la nature humaine. Monseigneur, de tout tems, tous les grands hommes ont été sujets à des disgrâces, je ne vous mettrai point sous vos yeux Démosthène, ni Annibal, ni Cicéron, tous ces gens-là gouvernoient en partie leurs états; mais je vous parlerai de la France. Vous avez vu le cardinal de Retz à la Bastille, à la tour de Nantes; M. le Blanc, de même à la Bastille, à la tour de Vincennes;

'ous avez vu M. le chancelier d'Aguesseau, plusieurs fois exilé à Frènes ; vous voyez encore aujourd'hui M. le comte de Maurepas. Si un pareil malheur vous arrivoit à vous-même, monseigneur, voulez-vous que je sois le seul qui ternisse vos vertus, que je dise que vous m'avez traité inhumainement, que vous m'avez refusé des remèdes qu'on ne refuse point aux animaux; car quel est le sujet de mes lettres fortes? Je ne vous accuse point de la longueur de ma misère, mais je me fâche de ce que vous me refusez deux heures de promenade tous les jours dans le jardin ou sur les tours, comme vous les accordez à d'autres prisonniers. Quand vous me direz : quels sont tes titres pour vouloir exiger de moi une pareille grâce? hélas! quels sont mes titres! je ne vous prouverai pas de point en point l'injustice qu'on me fait, car je vois bien que cela vous fait de la peine : mais je perds ma vue ; mon second titre est que je suis dans la quatorzième année de souffrance, terme qui fait frémir; mon troisième titre, après ma première évasion de la tour de Vincennes, je me suis généreusement livré moi-même, comme un agneau, entre les mains paternelles du roi.

C'est un titre assurément qui devroit vous inspirer de la compassion pour moi, car il n'est point honnête d'abuser cruellement de la bonne foi. Monseigneur, on oublie mille actes d'équité pour blâmer un trait inhumain; vous en avez une grande preuve dans la personne de **M.** le Maigre : je croirois que ce juge a rendu plus de cinq cents jugemens équitables ; qu'il a fait grâce à plus de deux cents personnes, je n'écoute point la populace, mais les gens raisonnables disent que ce juge a été surpris par une fausse déclaration de l'homme; or, vous voyez qu'un seul trait inhumain a perdu ce juge de réputation, lui a renversé sa fortune; il est en Hollande, et il a honte de dire son propre nom. Monseigneur, il faut beaucoup travailler pour se faire une bonne réputation, mais un rien la fait perdre : que je ne sois donc pas le seul qui puisse se plaindre de vous, moi qui dès la première vue ai fondé toutes mes espérances, mon bonheur dans cet air de bonté que la nature et les grâces ont répandu sur votre visage; je vous demande humblement un remède, un adoucissement raisonnable, puisque vous l'accordez encore aujourd'hui à d'autres prisonniers. Je vous supplie, monseigneur, mon père, par quatorze années de souffrance, qui rendent assurément ma prière bien respectable, d'avoir la bonté de m'accorder cette grâce, et en reconnoissance, je prierai Dieu toute ma vie de répandre de plus en plus sa sainte bénédiction sur vous et sur toute votre chère famille.

J'ai l'honneur d'être, etc.

Signé, Danry.

Copie de la soixante et sixième lettre que j'ai envoyée à M. de Sartines.

De la Bastille, le 30 juin 1762.

Monseigneur,

Après mon évasion de la tour de Vincennes, je me livrai moi-même entre les mains du roi, par l'entremise de monseigneur Quesnay : depuis ce tems-là, il m'a été toujours permis d'avoir recours à lui, de lui écrire. M. Duval peut vous certifier cette vérité, c'est pourquoi je vous supplie de me continuer cette grâce, d'avoir la bonté de lui faire tenir ce paquet; si malheureusement il est mort, il n'y a qu'à ôter sa lettre et son adresse, et je vous serai très-obligé d'avoir la bonté de laisser passer ce mémoire à Mme la marquise de Pompadour. Monseigneur, ayez la bonté de plaider ma cause, ou laissez-la moi plaider à moi-même; s'il m'arrive quelque malheur, je ne m'en prendrai point à vous. Monseigneur, voilà quatorze années que je souffre, je n'en puis plus : je vous supplie pour l'amour de Dieu, de me tendre une main secourable, et je vous serai toute ma vie reconnoissant.

J'ai l'honneur, etc.

Signé, DANRY.

Copie de la lettre que j'ai envoyée à M. Quesnay, médecin ordinaire du roi.

De la Bastille, le 30 juin 1762.

Monsieur,

Je gagerois ma tête contre cinq sols, que vous ne pensez pas plus à moi qu'au chameau de Mahomet; vous ne faites point le devoir d'un honnête homme, en m'oubliant dans la malheureuse prison où vous m'avez mis. Monsieur, je ne vous avois point demandé la tour de Vincennes; si vous n'étiez pas venu au devant de moi, je n'aurois point certainement eu recours à vous : aux dépens de ma chère liberté, vous avez donné de votre amitié à Madame la marquise de Pompadour; aujourd'hui donnez-lui en encore de plus grandes, en lui remettant ce mémoire entre les mains, et recommandez-lui fortement de le lire elle-même, de ne point le confier à ses secrétaires; choisissez une heure qu'elle n'ait rien à faire quand vous le lui remettrez, afin qu'elle puisse le lire tranquillement. Je crois qu'il n'est point besoin de vous prier, pour vous exciter à le lui remettre.

Je suis très-parfaitement, Monsieur, votre, etc., etc. *Signé*, Danry.

———

Copie de la lettre que j'ai envoyée à M. Duval, commis principal de la Bastille.

A la Bastille, le 30 juin 1762.

Monsieur,

Souvenez-vous de toutes les promesses que vous me fîtes; ayez donc la bonté de prier M. de Sartines de me laisser passer ce mémoire à ma partie; qu'il me défende, ou qu'il me laise défendre moi-même. S'il m'arrive quelque malheur, tant pis pour moi, je ne m'en prendrai point à lui; voilà quatorze années que je souffre, je n'en puis plus. Je vous supplie de grâce de me faire savoir si M. de Sartines me l'a laissé passer; je vous en supplie, n'oubliez point de me répoudre, je vous serai bien obligé.

J'ai l'honneur d'être, etc. *Signé*, Danry.

———

Copie de la seconde lettre que j'ai envoyée à M. Duval.

De la Bastille, le 5 juillet 1762.

Monsieur,

Je vous prie, pour l'amour de Dieu, de me faire savoir si M. de Sartines a eu la bonté de laisser passer mon mémoire à Mme la marquise de Pompadour.

Que M. de Sartines plaide ma cause, ou qu'il me la laisse plaider à moi-même, s'il m'arrive quelque malheur, tant pis pour moi. Voilà cent cinquante-neuf mois que je souffre, je n'en puis plus : de grâce, monsieur Duval, ayez la bonté de me répondre, si vous ne voulez point que je vous accable de lettres. Si vous avez oublié les promesses que vous me fîtes, avant que je vous fasse ma déclaration à vous-même, moi, je ne les ai point oubliées. Je vous en supplie, tendez-moi une main secourable, et je vous serai toute ma vie bien obligé.

J'ai l'honneur, etc. *Signé*, DANBY.

———

Copie de la troisième lettre que j'ai envoyée à M. Duval.

De la Bastille, le 10 juillet 1762.

Monsieur,

Les lions et les tigres, au moindre cri de leurs semblables, accourent pour le secourir; est-ce que les hommes qui ont la direction de la Bastille, ont moins de cœur et de compassion pour leurs semblables que les animaux? Monsieur Duval, voilà pour la troisième fois que je vous prie de me faire savoir si M. de

Sartines a eu la bonté de laisser passer mon mémoire à ma partie, il faut que je le sache : comment voulez-vous que je me défende? Dites à monseigneur de Sartines, que je le supplie de grâce, d'avoir la bonté de plaider ma cause, ou qu'il me la laisse plaider moi-même; s'il m'arrive quelque malheur, tant pis pour moi.

Voilà quatorze années que je souffre, je n'en puis plus; monsieur Duval, tendez-moi une main secourable, et daignez me répondre, je vous serai toute ma vie obligé. Je suis avec un très-profond respect, Monsieur, votre très-humble, etc.   *Signé*, DANRY.

Copie de la soixante-septième lettre que j'ai envoyée à monseigneur de Sartines, lieutenant-général de police.

De la Bastille, le 14 juillet 1762.

Monseigneur,

Je vous supplie, pour l'amour de Dieu, de plaider ma cause, ou de me la laisser plaider à moi-même; s'il m'arrive quelque malheur, tant pis pour moi. Monseigneur, daignez donc me faire savoir si vous avez eu la bonté de laisser passer mon mémoire à Mme la marquise de Pompadour. — Comment voulez-vous que je me défende, quand vous ne me dites rien! car si je savois que vous eussiez eu la bonté de le laisser passer, j'aurois déjà travaillé à d'autres choses, au lieu que je ne puis rien faire, faute d'être éclairé.

Je suis homme, et je souffre depuis cent-soixante mois; cette longue misère vous devroit bien inspirer de la compassion pour moi. Monseigneur, c'est par les sentimens qu'on reconnoît les naissances : je vous supplie par cette bonté que la nature et les grâces ont répandu sur votre visage, de me tendre une main secourable et de me faire dire par un officier si vous avez eu la bonté de me laisser passer mon mémoire; de grâce, daignez me répondre : je n'en puis plus, ayez pitié de moi, et en reconnoissance, je prierai Dieu toute ma vie de répandre de plus en plus sa sainte bénédiction sur vous et sur votre chère famille.

J'ai l'honneur d'être, avec un profond respect, monseigneur, de votre grandeur, votre très-humble et très-obéissant serviteur.

Signé, DANRY.

FIN.

www.ingramcontent.com/pod-product-compliance
Ingram Content Group UK Ltd.
Pitfield, Milton Keynes, MK11 3LW, UK
UKHW021936070726
13614UKWH00001B/457